大方廣佛華嚴經

일러두기

1. 『대방광불화엄경 강설』원문原文의 저본底本은 근세에 교정이 가장 잘 되었다고 정평이 나 있는 대만臺灣의 불타교육기금회佛陀教育基金會에서 출판한 『화엄경소초華嚴經疏鈔』본입니다.

2. 『대방광불화엄경 강설』은 실차난타實叉難陀가 695년부터 699년까지 4년에 걸쳐 번역해 낸 80권본卷本 『대방광불화엄경』을 우리말로 옮기고 강설을 붙인 것입니다.

3. 『대방광불화엄경』은 애초 산스크리트에서 한역漢譯된 경전이지만 현재 산스크리트본은 소실된 상태입니다. 산스크리트를 음차한 경우 굳이 원래 소리를 표기하려고 하기보다는 『표준국어대사전』이나 『불교사전』 등에 등재된 한자음을 사용하는 것을 원칙으로 하였습니다.

4. 경문의 한글 번역은 동국역경원본을 참고하여 그대로 또는 첨삭을 하며 의미대로 번역하고 다듬었습니다.

5. 각 품마다 내용에 따라 단락을 나누고 제목을 달았습니다. 단락의 제목은 주로 청량淸凉스님의 견해에 기초하였고 이통현李通玄장자의 견해를 참고로 하였습니다.

6. 『대방광불화엄경 강설』의 발행 순서는 한역 경전의 편재 순서를 기준으로 하였고 각 권은 단행본 한 권씩으로 출간될 예정이며 모두 80권으로 완간됩니다. 다만 80권본에 빠져 있는 「보현행원품」은 80권본 완역 및 강설 후 시리즈에 포함돼 추가될 예정입니다.

7. 『대방광불화엄경 강설』 안에서 불교용어를 풀이한 것은 운허스님이 저술하고 동국역경원에서 편찬한 『불교사전』을 인용하였습니다.

8. 각주의 청량스님의 소疏는 대만에서 입력한 大方廣佛華嚴經 사이트의 것을 사용하였습니다.

9. 『대방광불화엄경 강설』 입법계품에 들어가는 문수지남도는 북송北宋시대 불국佛國 선사가 선재동자가 53명의 선지식을 친견하여 법을 구하는 장면을 하나하나 그림으로 그린 것입니다.

대방광불화엄경 강설
제 17 권

十六. 범행품 梵行品
十七. 초발심공덕품 初發心功德品

실차난타 實叉難陀 한역
무비스님 강설

서문

과연 무엇이 진정한 청정범행입니까?

청정범행이란 진실로 존재하는 것입니까?

경에 말씀하시기를,

"만일 몸이 범행이라면 범행은 선하지 않은 것이며, 법답지 않은 것이며, 혼탁한 것이며, 냄새나는 것이며, 부정한 것이며, 싫은 것이며, 어기고 거역하는 것이며, 잡되고 물든 것이며, 송장이며, 벌레 무더기인 줄을 마땅히 알아야 할 것이니라."

"만일 말이 범행이라면 범행은 곧 음성, 숨, 입술, 혀, 목구멍, 뱉고 삼킴, 막고 놓음, 고저高低, 청탁淸濁일 것이니라."

"만일 부처님이 범행이라면 색온色蘊이 부처님인가, 수온受蘊이 부처님인가, 상온想蘊이 부처님인가, 행온行蘊이 부처님인가, 식온識蘊이 부처님인가, 32상相이 부처님인가, 80종호種好가 부처님인가, 신통이 부처님인가, 업행業行이 부처님인가, 과보果報가 부처님인가?"

라고 하였습니다.

존재의 현상에서 보면 분명히 더러운 몸이 범행이며, 허망한 말이 범행이며, 외형적인 오온과 상호와 업과 과보인 부처님이 범행이지만 존재의 본질에서 보면 그 무엇도 범행이라 할 것이 없습니다. 그러므로 참으로 텅 비어 공한 범행과 그대로 나타난 범행에 걸리지 않아야 할 것입니다.

불교에서는 보살행을 실천하는 것을 가장 높이 찬탄합니다. 보살행 실천이 불교의 근본 종지이기 때문입니다. 그 보살행의 실천은 보리심菩提心, 즉 불심佛心에서 출발합니다. 그러므로 보리심을 처음으로 발하는 사람의 공덕은 실로 한량이 없습니다. 그 한량없는 공덕을 한량없이 설명한 것이 곧 초발심공덕품初發心功德品입니다.

중생의 마음 작용 다 헤아려 알며
국토의 미진도 또한 다 알며
허공의 끝까지를 헤아린다 해도
초발심한 공덕은 측량하지 못하리.

2014년 11월 1일
신라 화엄종찰 금정산 범어사
如天 無比

대방광불화엄경 목차

제1권	1. 세주묘엄품 世主妙嚴品 [1]		제18권	18. 명법품 明法品
제2권	1. 세주묘엄품 世主妙嚴品 [2]		제19권	19. 승야마천궁품 昇夜摩天宮品
제3권	1. 세주묘엄품 世主妙嚴品 [3]			20. 야마천궁게찬품 夜摩天宮偈讚品
제4권	1. 세주묘엄품 世主妙嚴品 [4]			21. 십행품 十行品 [1]
제5권	1. 세주묘엄품 世主妙嚴品 [5]		제20권	21. 십행품 十行品 [2]
제6권	2. 여래현상품 如來現相品		제21권	22. 십무진장품 十無盡藏品
제7권	3. 보현삼매품 普賢三昧品		제22권	23. 승도솔천궁품 昇兜率天宮品
	4. 세계성취품 世界成就品		제23권	24. 도솔궁중게찬품 兜率宮中偈讚品
제8권	5. 화장세계품 華藏世界品 [1]			25. 십회향품 十廻向品 [1]
제9권	5. 화장세계품 華藏世界品 [2]		제24권	25. 십회향품 十廻向品 [2]
제10권	5. 화장세계품 華藏世界品 [3]		제25권	25. 십회향품 十廻向品 [3]
제11권	6. 비로자나품 毘盧遮那品		제26권	25. 십회향품 十廻向品 [4]
제12권	7. 여래명호품 如來名號品		제27권	25. 십회향품 十廻向品 [5]
	8. 사성제품 四聖諦品		제28권	25. 십회향품 十廻向品 [6]
제13권	9. 광명각품 光明覺品		제29권	25. 십회향품 十廻向品 [7]
	10. 보살문명품 菩薩問明品		제30권	25. 십회향품 十廻向品 [8]
제14권	11. 정행품 淨行品		제31권	25. 십회향품 十廻向品 [9]
	12. 현수품 賢首品 [1]		제32권	25. 십회향품 十廻向品 [10]
제15권	12. 현수품 賢首品 [2]		제33권	25. 십회향품 十廻向品 [11]
제16권	13. 승수미산정품 昇須彌山頂品		제34권	26. 십지품 十地品 [1]
	14. 수미정상게찬품 須彌頂上偈讚品		제35권	26. 십지품 十地品 [2]
	15. 십주품 十住品		제36권	26. 십지품 十地品 [3]
제17권	**16. 범행품 梵行品**		제37권	26. 십지품 十地品 [4]
	17. 초발심공덕품 初發心功德品		제38권	26. 십지품 十地品 [5]

제39권	26. 십지품十地品 [6]	제58권	38. 이세간품離世間品 [6]
제40권	27. 십정품十定品 [1]	제59권	38. 이세간품離世間品 [7]
제41권	27. 십정품十定品 [2]	제60권	39. 입법계품入法界品 [1]
제42권	27. 십정품十定品 [3]	제61권	39. 입법계품入法界品 [2]
제43권	27. 십정품十定品 [4]	제62권	39. 입법계품入法界品 [3]
제44권	28. 십통품十通品	제63권	39. 입법계품入法界品 [4]
	29. 십인품十忍品	제64권	39. 입법계품入法界品 [5]
제45권	30. 아승지품阿僧祇品	제65권	39. 입법계품入法界品 [6]
	31. 여래수량품如來壽量品	제66권	39. 입법계품入法界品 [7]
	32. 보살주처품菩薩住處品	제67권	39. 입법계품入法界品 [8]
제46권	33. 불부사의법품佛不思議法品 [1]	제68권	39. 입법계품入法界品 [9]
제47권	33. 불부사의법품佛不思議法品 [2]	제69권	39. 입법계품入法界品 [10]
제48권	34. 여래십신상해품如來十身相海品	제70권	39. 입법계품入法界品 [11]
	35. 여래수호광명공덕품如來隨好光明功德品	제71권	39. 입법계품入法界品 [12]
		제72권	39. 입법계품入法界品 [13]
제49권	36. 보현행품普賢行品	제73권	39. 입법계품入法界品 [14]
제50권	37. 여래출현품如來出現品 [1]	제74권	39. 입법계품入法界品 [15]
제51권	37. 여래출현품如來出現品 [2]	제75권	39. 입법계품入法界品 [16]
제52권	37. 여래출현품如來出現品 [3]	제76권	39. 입법계품入法界品 [17]
제53권	38. 이세간품離世間品 [1]	제77권	39. 입법계품入法界品 [18]
제54권	38. 이세간품離世間品 [2]	제78권	39. 입법계품入法界品 [19]
제55권	38. 이세간품離世間品 [3]	제79권	39. 입법계품入法界品 [20]
제56권	38. 이세간품離世間品 [4]	제80권	39. 입법계품入法界品 [21]
제57권	38. 이세간품離世間品 [5]	제81권	40. 보현행원품普賢行願品

대방광불화엄경 강설 제17권

十六. 범행품梵行品

1. 정념천자가 법을 청하다 ·········· 15
2. 법혜보살의 설법 ················ 17
   1) 열 가지 관찰하는 법의 이름 ········ 17
   2) 몸을 관찰하다 ················ 19
   3) 몸의 업을 관찰하다 ············ 20
   4) 말을 관찰하다 ················ 21
   5) 말의 업을 관찰하다 ············ 22
   6) 뜻을 관찰하다 ················ 23
   7) 뜻의 업을 관찰하다 ············ 24
   8) 부처님을 관찰하다 ············· 26
   9) 교법을 관찰하다 ··············· 27
   10) 스님을 관찰하다 ·············· 28
   11) 계율을 관찰하다 ·············· 30
   12) 관찰이 성취되었을 때의 상 ······· 32
   13) 범행을 여실히 관찰하다 ········· 34

14) 범행이 청정하게 성취된 상 ············· 35
15) 다시 열 가지 법을 닦다 ············· 36
16) 그 위에 자비심을 일으켜야 한다 ············· 38
17) 이러한 관행을 닦으면 지혜의 몸을 성취하리라 ············· 39

十七. 초발심공덕품 初發心功德品

1. 제석천왕의 청법 ············· 45
2. 법혜보살의 설법 ············· 47
   1) 이치가 깊어서 이해하기 어렵다 ············· 47
   2) 중생의 이락과 초발심공덕 ············· 49
   3) 이승법과 초발심공덕 ············· 52
   4) 세계의 끝과 초발심공덕 ············· 61
   5) 세계의 겁수와 초발심공덕 ············· 69
   6) 중생들의 차별 이해와 초발심공덕 ············· 75
   7) 중생들의 근성 차별과 초발심공덕 ············· 83
   8) 중생들의 욕락 이해와 초발심공덕 ············· 86
   9) 중생들의 종종방편과 초발심공덕 ············· 89
   10) 중생들의 마음 이해와 초발심공덕 ············· 92
   11) 중생들의 업 이해와 초발심공덕 ············· 95

12) 중생들의 번뇌 이해와 초발심공덕 ············· 97
   13) 공양 공덕과 초발심공덕 ·················· 110
   14) 열 번째 사람의 공양과 초발심공덕 ············· 115
   15) 초발심으로 아는 능력 ····················· 120
   16) 광대한 마음의 공덕 ······················ 121
      (1) 이해와 실천이 원만함 ··················· 121
      (2) 발심과 묘과 ························ 125
      (3) 불과가 동등하다 ····················· 126
      (4) 능히 불사를 짓다 ···················· 127
      (5) 큰 지혜가 앞에 나타나다 ················ 129

3. 시방세계가 진동하고 공양을 일으키다 ············· 132

4. 시방의 부처님이 증명하다 ····················· 135

5. 이익을 밝히다 ····························· 138
   1) 현재의 이익 ··························· 138
   2) 미래의 이익 ··························· 139

6. 다함이 없음을 밝히다 ······················· 141
   1) 설법이 두루 함을 밝히다 ·················· 141
   2) 설법이 두루 한 까닭을 밝히다 ··············· 142

7. 게송으로 거듭 설하다 ······················· 145
   1) 게송을 설하는 뜻 ······················· 145
   2) 해와 행이 원만함 ······················· 147

3) 일체 세계에 두루 하다 ······ 148

4) 널리 중생을 제도하다 ······ 149

5) 세계의 이뤄지고 무너짐을 알다 ······ 151

6) 중생의 때를 깨끗하게 하다 ······ 152

7) 부처님의 종성을 잇는다 ······ 153

8) 중생들이 즐거하는 것을 안다 ······ 156

9) 삼세를 통달하여 마음에 걸림이 없다 ······ 160

10) 설법과 교화 ······ 162

11) 모든 부처님의 가호 ······ 164

12) 세계의 진동 ······ 165

13) 모든 미혹의 소멸 ······ 166

14) 광명을 놓아 세계를 비추다 ······ 172

15) 국토의 청정 ······ 173

16) 중생들의 환희 ······ 174

17) 법계에 널리 들어감 ······ 175

18) 부처님의 종성에 들어가다 ······ 176

19) 성불을 나타내 보이다 ······ 177

20) 부처님과 평등한 경계 ······ 178

21) 공덕의 평등 ······ 181

22) 한 몸과 무량한 몸의 평등 ······ 185

23) 진실한 지혜 ······ 186

24) 큰 지혜가 앞에 나타나다 ·············· 194
25) 모든 중생들을 호념하다 ·············· 199
26) 무상보리를 얻다 ·············· 202
27) 대인의 법을 선양하다 ·············· 202
28) 시간과 처소는 평등하다 ·············· 203
29) 장엄하는 분별을 내지 않는다 ·············· 204
30) 여러 가지 힘을 닦다 ·············· 205
31) 수승한 법으로 장엄하다 ·············· 209
32) 설법하는 지혜의 힘 ·············· 214
33) 공덕이 한량없다 ·············· 219
34) 비유로써 헤아리다 ·············· 220
35) 비유로써는 미칠 수 없다 ·············· 230
36) 다함이 없음을 말하다 ·············· 231
37) 한계가 없음을 말하다 ·············· 232
38) 출생이 다함이 없음을 말하다 ·············· 235
39) 덕의 원만함을 나타내다 ·············· 243
40) 공덕이 다함이 없음을 말하다 ·············· 246
41) 보리심 발하기를 권하다 ·············· 248

대방광불화엄경 강설

제17권

十六. 범행품

불교의 정법, 즉 유와 무에 치우치지 않는 중도정견의 관점에서 볼 때 진정한 청정범행淸淨梵行이란 무엇인가를 밝혔다. 흔히 청정범행이란 3천 가지 위의威儀와 8만 가지 세행細行을 하나도 어기지 않고 모든 율장律藏에서 요구하는 법규를 낱낱이 지키고 실천하는 것을 말한다. 그러나 화엄경의 견해는 다르다. 5계, 10계, 10중 48계, 250계, 348계, 3천 위의, 8만 세행 등의 근본 실체를 낱낱이 파헤쳐서 청정범행의 실상을 드러내는 것이 바로 이 범행품梵行品이다. 그러므로 기존의 상식적인 소견으로 청정범행을 생각하는 사람에게는 매우 파격적이다. 놀라움을 금치 못한다. 도리어 이 화엄경을 의심할지도 모른다. 그러나 제대로만 이해한다면 소견이 툭 터지고 예상하지도 못했던 지혜가 빛을 발할 것이다.

1. 정념천자正念天子가 법을 청하다

爾時_에 正念天子_가 白法慧菩薩言_{호대} 佛子_야
一切世界諸菩薩衆_이 依如來敎_{하야} 染衣出家_{인댄}
云何而得梵行淸淨_{하야} 從菩薩位_로 逮於無上菩
提之道_{이닛고}

 이때에 정념천자正念天子가 법혜法慧보살에게 여쭈었습니다. "불자여, 일체 세계의 모든 보살들이 여래의 가르침을 의지하여 물든 옷을 입고 출가하였으면, 어떻게 하여야 범행梵行이 청정하게 됩니까? 또 보살의 지위로부터 가장 높은 보리의 도道에 이르겠습니까?"

범행품은 정념천자가 법혜보살에게 질문하여 청정범행의 실상을 밝히는 품이다. 정념正念이란 무엇인가? 바른 기억으로 모든 존재와 사건과 사실을 그 실상과 같이 바르게 기억하고 알아 챙김이다. 실상과 같이 바르게 기억하여 알아 챙긴다는 뜻의 정념천자의 질문으로 인하여 청정범행이 무엇인가를 드러낸다. 정념천자가 청정범행과 함께 보살의 지위로부터 가장 높은 보리의 도道에 이르는 길을 물었다.

2. 법혜法慧보살의 설법

1) 열 가지 관찰하는 법의 이름

法慧菩薩이 言하사대 佛子야 菩薩摩訶薩이 修梵
行時에 應以十法으로 而爲所緣하야 作意觀察이니
所謂身과 身業과 語와 語業과 意와 意業과 佛과 法과
僧과 戒니라 應如是觀호대 爲身是梵行耶아 乃至戒
是梵行耶아

　법혜보살이 말하였습니다. "불자여, 보살마하살이 범행을 닦을 때에는 마땅히 열 가지 법으로 반연을 삼고 뜻을 내어 관찰하여야 하느니라. 이른바 몸과 몸의 업과, 말과 말의 업과, 뜻과 뜻의 업과, 부처님과 교법과 스님과 계율이니라. 마땅히 관찰하기를 '몸이 범행인가, 내지 계율이 범행인가?' 할 것이니라."

청정범행이란 사람이 불법에 근거하여 어떤 삶을 사는가를 두고 하는 말이다. 사람이 삶을 영위하는 데는 반드시 신구의 셋과 다시 그 셋이 업을 지어 가는 것이 따른다. 그래서 여섯 가지가 되며, 거기다가 출가하여 법의法衣를 입고 불법을 신행한다는 조건이 따르므로 불법승 삼보와 계율을 지킨다는 특수한 점이 있기 때문에 모두 열 가지를 열거하였다. 그 열 가지를 깊이 관찰해 보면 과연 무엇이 청정범행인가를 꿰뚫어 알 수 있다. 열 가지를 깊이 관찰하기 위해서 낱낱이 다시 열 가지로 분석하면서 청정범행의 실체가 무엇인가를 깨달아 가는 가르침이다.

2) 몸을 관찰하다

若身이 是梵行者인댄 當知梵行이 則爲非善이며 則爲非法이며 則爲渾濁이며 則爲臭惡이며 則爲不淨이며 則爲可厭이며 則爲違逆이며 則爲雜染이며 則爲死屍며 則爲蟲聚니라

"만일 몸이 범행이라면 범행은 선하지 않은 것이며, 법답지 않은 것이며, 혼탁한 것이며, 냄새나는 것이며, 부정한 것이며, 싫은 것이며, 어기고 거역하는 것이며, 잡되고 물든 것이며, 송장이며, 벌레 무더기인 줄을 마땅히 알아야 할 것이니라."

먼저 몸을 열 가지로 분석하여 관찰한다. 몸뚱이가 청정 범행이라고 할 만한 점이 있는가? 따져 보자. 몸뚱이는 선한 점이란 없다. 오히려 나쁜 점만 많다. 법답지도 못하다. 온갖 음식을 먹어서 혼탁하다. 하루만 몸을 씻지 않아도 냄새

를 참을 수 없다. 냄새가 많은 것은 부정하기 때문이다. 살다 보면 이 몸뚱이가 싫을 때가 많다. 지수화풍 사대로 구성되었기 때문에 늘 서로 어기며 갈등한다. 잡되고 물든 것이다. 잠만 자도 그대로 송장이며 만약 죽고 나면 더 말할 나위가 없다. 예전에는 우리 몸을 9억 충으로 이루어진 벌레의 무더기라고 하였다. 지금은 60조의 세포 덩어리라고 보았다. 낱낱 세포 속에 또 60조의 세포가 있다. 이것이 우리 몸의 실상이다. 그런데 이것을 어찌 청정범행이라고 하겠는가. 그렇다면 몸뚱이에서는 도저히 청정범행을 찾을 길이 없다. 그래서 청정범행은 없다.

3) 몸의 업業을 관찰하다

若身業이 是梵行者인댄 梵行이 則是行住坐臥며
左右顧視며 屈伸俯仰이니라

"만일 몸의 업이 범행이라면 범행은 곧 가는 것, 머

무는 것, 앉는 것, 눕는 것, 왼쪽으로 돌아보는 것, 오른쪽으로 돌아보는 것, 구부리는 것, 펴는 것, 숙이는 것, 우러르는 것이니라."

몸의 업이란 모든 몸짓이다. 몸짓은 행주좌와 일체 동작들이다. 몸짓은 일정하지 않아서 정한 바가 없다. 곧 아무런 실체가 없다. 이와 같이 실체가 없는 몸의 모든 동작을 어찌 청정범행이라고 하겠는가. 몸짓에서 찾아봐도 청정범행은 존재하지 않는다. 그래서 청정범행은 없다.

4) 말을 관찰하다

약어　　시범행자　　범행　　즉시음성풍식
若語가 **是梵行者**인댄 **梵行**이 **則是音聲風息**이며

순설후문　　토납억종　　고저청탁
脣舌喉吻이며 **吐納抑縱**이며 **高低淸濁**이니라

"만일 말이 범행이라면 범행은 곧 음성, 숨, 입술, 혀, 목구멍, 뱉고 삼킴, 막고 놓음, 고저高低, 청탁淸濁일 것

이니라."

 말은 음성, 숨, 입술, 혀, 목구멍, 뱉고 삼킴, 막고 놓음, 고저高低, 청탁淸濁 등이 모두 동원되어 겨우 소리가 난다. 그래서 말소리의 실체는 어디에도 없다. 그러니 어찌 말을 청정범행이라고 할 수 있겠는가. 청정범행은 여기에도 없다.

5) 말의 업을 관찰하다

若語業_{약어업}이 是梵行者_{시범행자}인댄 梵行_{범행}이 則是起居問訊_{즉시기거문신}이며 略說廣說_{약설광설}이며 喩說直說_{유설직설}이며 讚說毀說_{찬설훼설}이며 安立說_{안립설} 隨俗說顯了說_{수속설현요설}이니라

 "만일 말의 업이 범행이라면 범행은 곧 일상적인 생활[起居]에서 문안하고, 대강 말하고, 널리 말하고, 비유로 말하고, 직설直說하고, 칭찬하고, 헐뜯고, 방편으로

말하고[安立說], 세속을 따라 말하고, 분명하게 말하는 것이니라."

그렇다면 말의 업에는 청정범행이 있을까? 말의 업이란 일상적인 생활[起居]에서 문안하고, 대강 말하고, 널리 말하고, 비유로 말하고, 직설直說하고, 칭찬하고, 헐뜯고, 방편으로 말하고[安立說], 세속을 따라 말하고, 분명하게 말하는 것 등이다. 말이든 말의 업이든 몸뚱이보다 더욱 실체가 없다. 그런데 어찌 그곳에서 청정범행을 찾을 수 있겠는가. 그래서 청정범행은 여기에도 없다.

6) 뜻을 관찰하다

若意가 是梵行者인댄 梵行이 則應是覺이며 是觀이며 是分別이며 是種種分別이며 是憶念이며 是種種

憶念이며 是思惟며 是種種思惟며 是幻術이며 是眠夢이니라

"만일 뜻이 범행이라면 범행은 곧 지각이며, 관찰이며, 분별이며, 가지가지로 분별함이며, 기억이며, 가지가지로 기억함이며, 생각이며, 가지가지로 생각함이며, 환술이며, 꿈이니라."

뜻에 청정범행이 있는가를 관찰한다. 뜻이란 곧 마음의 작용이다. 그것을 달리 생각이라고도 한다. 위와 같은 가지가지 생각들은 어떤 상황에 따라 일어나는 마음 작용이다. 그래서 실체가 전혀 없다. 아무리 천착해 보아도 청정범행은 여기에도 없다.

7) 뜻의 업을 관찰하다

若意業이 是梵行者인댄 當知梵行이 則是思想

한 열 기 갈 고 락 우 희
寒熱飢渴苦樂憂喜니라

"만일 뜻의 업이 범행이라면 마땅히 알지니라. 범행은 곧 생각함[思]이며, 생각[想]이며, 추위며, 더위며, 주림이며, 목마름이며, 괴로움이며, 즐거움이며, 근심이며, 기쁨이니라."

뜻의 업에 청정범행이 있는가를 관찰한다. 하나의 불교 안에서도 온갖 사상들로 나누어 열반사상, 일심사상, 정토사상, 유식사상, 연기사상, 공사상 등으로 생각하고 분별한다. 또 텅 빈 마음에서 생각이 분연히 일어나 실재하지도 않고 기준도 없는 춥다 덥다, 배고프다 목마르다, 괴롭다 즐겁다, 근심스럽다 기쁘다 등으로 생각을 일으킨다. 청정범행이 이와 같은 어수선한 한순간의 마음작용에 있을까? 여기에도 청정범행은 없다.

8) 부처님을 관찰하다

若佛이 是梵行者인댄 爲色是佛耶아 受是佛耶아
想是佛耶아 行是佛耶아 識是佛耶아 爲相是佛耶아
好是佛耶아 神通이 是佛耶아 業行이 是佛耶아 果
報가 是佛耶아

"만일 부처님이 범행이라면 색온色蘊이 부처인가, 수온受蘊이 부처인가, 상온想蘊이 부처인가, 행온行蘊이 부처인가, 식온識蘊이 부처인가, 상相이 부처인가, 수호隨好가 부처인가, 신통神通이 부처인가, 업행業行이 부처인가, 과보果報가 부처인가?"

이번에는 누구도 부정하지 못할 가장 위대하신 부처님에게서 청정범행을 찾아본다. 먼저 부처님의 실체를 분석해 본다. 부처님도 역시 색수상행식色受想行識이라는 오온으로 이뤄진 존재다. 그 오온 하나하나에서 부처님을 찾아보아도 부처님이라 할 만한 점은 어디에도 없다. 또 32상과 80종호에서 부처님을 찾아보아도 역시 존재하지 않는다. 업행이나 과보에서 부처님을 찾아보아도 역시 없다. 이와 같이 부처가 없는데 무슨 청정범행이 있겠는가.

9) 교법敎法을 관찰하다

若法이 是梵行者인댄 爲寂滅이 是法耶아 涅槃이 是法耶아 不生이 是法耶아 不起가 是法耶아 不可說이 是法耶아 無分別이 是法耶아 無所行이 是法耶아 不合集이 是法耶아 不隨順이 是法耶아 無所得이 是法耶아

"만일 교법이 범행이라면 적멸이 법인가, 열반이 법인가, 생기지 않음이 법인가, 일어나지 않음이 법인가, 말

할 수 없음이 법인가, 분별 없음이 법인가, 행할 바 없음이 법인가, 모이지 않음이 법인가, 순종치 않음이 법인가, 얻을 바 없음이 법인가?"

부처님 다음으로 부처님의 교법에 대해서 청정범행이 있는가를 관찰하는 내용이다. 먼저 법이라는 것이 실재하는 무엇이 있는가? 흔히 말로 표현되는 적멸, 열반, 불생, 불기, 불가설, 무분별 등등을 열거하였다. 따지고 보면 그 무엇도 법이라고 할 만한 실체는 없다. 법이라는 실체가 없는데 하물며 실체 없는 법이 무슨 청정범행이겠는가?

10) 스님을 관찰하다

若僧이 是梵行者인댄 爲預流向이 是僧耶아 預
약승 시범행자 위예류향 시승야 예

流果가 是僧耶아 一來向이 是僧耶아 一來果가 是
류과 시승야 일래향 시승야 일래과 시

僧耶아 不還向이 是僧耶아 不還果가 是僧耶아 阿
승야 불환향 시승야 불환과 시승야 아

라한향　　　시승야　　　아라한과　　　시승야　　　삼명
羅漢向이 是僧耶아 阿羅漢果가 是僧耶아 三明이

시승야　　　육통　　시승야
是僧耶아 六通이 是僧耶아

"만일 스님이 범행이라면 예류향預流向이 스님인가, 예류과預流果가 스님인가, 일래향一來向이 스님인가, 일래과一來果가 스님인가, 불환향不還向이 스님인가, 불환과不還果가 스님인가, 아라한향阿羅漢向이 스님인가, 아라한과阿羅漢果가 스님인가, 삼명三明이 스님인가, 육통六通이 스님인가?"

부처님과 부처님의 교법과 다음으로 부처님의 가르침을 따르는 스님이라는 사실에서 청정범행을 관찰해 보는 것이다. 먼저 스님이라는 실체는 과연 존재하는 것인가? 스님이라고 불리기까지의 과정과 인연들을 분석한다. 처음으로 출가해서 승가대중에 참예하는 것이 수행자의 무리에 참예한다는 예류향이다. 그 결과를 예류과라 한다. 다음 단계는 일래[사다함]향과 불환[아나함]향과 아라한으로 이어진다. 요즘의 표현대로라면 행자, 사미, 비구, 중덕, 선덕, 대덕, 대사,

종사, 대종사, 큰스님, 작은스님 등이다. 모두가 허망한 말일 뿐이다. 그냥 하나의 사람이다. 각각의 이름에서 어찌 스님을 찾겠는가. 설사 삼명과 육통[1]을 얻었다 하더라도 역시 하나의 사람일 뿐이다. 스님도 존재하지 않는데 어디서 청정범행을 찾을 것인가? 청정범행이란 스님들의 행동거지를 두고 하는 말이다.

11) 계율을 관찰하다

若戒가 是梵行者인댄 爲壇場이 是戒耶아 問淸
약계   시범행자   위단장   시계야   문청

淨이 是戒耶아 敎威儀가 是戒耶아 三說羯磨가 是
정   시계야   교위의   시계야   삼설갈마

---

1) 삼명육통三明六通: 부처님과 아라한이 가진 여섯 가지 지혜 광명의 신통이며, 이로써 어둠과 어리석음을 깨뜨린다. 숙명통(宿命通: 자신과 중생의 과거 생을 아는 지혜), 천안통(天眼通: 멀고 가까움에 상관없이 중생들을 살펴보는 지혜), 누진통(漏盡通: 번뇌를 제거하는 능력으로 부처님만이 갖추셨다)을 삼명 또는 삼달이라 하고, 여기에 신족통(神足通: 멀고 가까움에 상관없이 원하는 곳에 찰나간에 나타나는 능력), 천이통(天耳通: 거리나 소리의 크기에 상관없이 모든 소리를 듣는 능력), 타심통(他心通: 남의 마음을 거울처럼 들여다보고 아는 능력)을 합쳐서 육신통이라고 한다.

戒耶아 和尙이 是戒耶아 阿闍梨가 是戒耶아 剃髮이
<small>계야   화 상   시계야   아 사 리   시 계 야   체 발</small>

是戒耶아 着袈裟衣가 是戒耶아 乞食이 是戒耶아
<small>시계야   착 가 사 의   시 계 야   걸 식   시 계 야</small>

正命이 是戒耶아
<small>정 명   시 계 야</small>

"만일 계율이 범행이라면 계단[壇場]이 계율인가, 청정한가를 묻는 것이 계율인가, 위의威儀를 가르침이 계율인가, 갈마를 세 번 말함이 계율인가, 화상和尙이 계율인가, 아사리阿闍梨가 계율인가, 머리를 깎는 것이 계율인가, 가사를 입는 것이 계율인가, 걸식함이 계율인가, 정명正命이 계율인가?"

또한 청정범행을 계율에서 관찰하는 내용이다. 먼저 계율부터 천착해 보자. 무엇이 계율인가? 소위 금강계단이니 하는 그 계단의 현판이 계율인가, 계를 설하는 사람들이 올라가서 앉는 단이 계율인가, 계를 받을 때 물어보는 말 즉 '청정한가?'라고 질문하는 것이 계율인가, 3천 위의 8만 세행과 지켜야 할 계율 조항이 계율인가, 갈마작법을 세 번 하는 것이 계율인가, 화상과 아사리 등 3사와 7증사가 계를 설하는데 그들이 계율인가, 머리를 깎고 가사를 입는데 그것이 계율인가, 출가 수행자는 걸식을 해야 하는데 그것이 계율인가, 또 출가 수행자는 걸식으로 생명을 유지하는 방법을 삼는데 그것이 계율인가? 아무리 따져 봐도 어디에도 계율은 존재하지 않는다. 계율이 존재하지 않는데 어찌 청정범행을 찾을 수 있겠는가.

12) 관찰이 성취되었을 때의 상相

여시관이 어신 무소취 어수 무소착
如是觀已에 **於身**에 **無所取**며 **於修**에 **無所着**이며

어법 무소주 과거이멸 미래미지 현재
於法에 **無所住**며 **過去已滅**이며 **未來未至**며 **現在**

공적 무작업자 무수보자 차세불이동
空寂이며 **無作業者**며 **無受報者**며 **此世不移動**이며

피세불개변
彼世不改變이니라

"이와 같이 관찰하면 몸에 취할 것이 없고, 닦는 데 집착할 것이 없고, 법에 머물 것이 없으며, 과거는 이미 멸하였고, 미래는 아직 이르지 않았고, 현재는 공적하며, 업을 짓는 이도 없고, 과보를 받을 이도 없으며, 이 세상은 이동하지 않고, 저 세상은 바뀌지 아니하느니라."

청정범행은 무엇인가? 청정범행은 실재하는가? 청정범행의 실상을 관찰하기 위해서 몸과 몸의 업과 말과 말의 업과 뜻과 뜻의 업과 부처님과 교법과 스님과 계율 등 청정범행이 있을 만한 곳을 낱낱이 분석하고 천착하였다. 이와 같이 분석하였을 때 그 관찰이 성취되어 몸이나 수행이나 법이나 일체 시간성이나 업을 짓고 과보를 받는 것이 본질에 있어서는 불변하며 부동하여 굳이 청정범행이라고 할 것이 없음을 알게 되었다.

13) 범행을 여실히 관찰하다

此中何法이 **名爲梵行**고 **梵行**이 **從何處來**며 **誰之所有**며 **體爲是誰**며 **由誰而作**고 **爲是有**아 **爲是無**아 **爲是色**가 **爲非色**가 **爲是受**아 **爲非受**아 **爲是想**가 **爲非想**가 **爲是行**가 **爲非行**가 **爲是識**가 **爲非識**가

"이 가운데 어느 법이 범행인가? 범행은 어디서 왔으며, 누구의 소유며, 자체는 무엇이며, 누구로 말미암아 지었는가? 이것이 있는 것인가, 없는 것인가? 색色인가, 색이 아닌가? 수受인가, 수가 아닌가? 상想인가, 상이 아닌가? 행行인가, 행이 아닌가? 식識인가, 식이 아닌가?"

청정범행이 존재하지 않음을 더욱 확실하게 밝히고 있다. 경문에서 살펴보았듯이 어디를 천착해도 범행을 찾을 수 없

다. 이것이 청정범행의 여실한 관찰이다.

14) 범행이 청정하게 성취된 상相

如是觀察에 **梵行法**을 **不可得故**며 **三世法**이 **皆空寂故**며 **意無取着故**며 **心無障礙故**며 **所行無二故**며 **方便自在故**며 **受無相法故**며 **觀無相法故**며 **知佛法平等故**며 **具一切佛法故**니 **如是**가 **名爲淸淨梵行**이니라

"이와 같이 관찰하면 범행이란 법을 얻을 수 없는 연고며, 삼세의 법이 다 공적한 연고며, 뜻에 집착이 없는 연고며, 마음에 장애가 없는 연고며, 행할 것이 둘이 없는 연고며, 방편이 자재한 연고며, 모양 없는 법을 받아들이는 연고며, 모양 없는 법을 관찰하는 연고며, 부처

님 법이 평등함을 아는 연고며, 일체 부처님 법을 갖춘 연고이므로, 이와 같은 것을 청정한 범행이라 이름하느니라."

어디를 찾아보아도 범행이란 법을 얻을 수 없다는 사실을 깨닫는 것이 진정한 청정범행이다. 그것이 청정범행이 성취된 모습이다.

15) 다시 열 가지 법을 닦다

復應修習十種法이니 何者가 爲十고 所謂處非
處智와 過現未來業報智와 諸禪解脫三昧智와 諸
根勝劣智와 種種解智와 種種界智와 一切至處道
智와 天眼無礙智와 宿命無礙智와 永斷習氣智니라

어 여 래 십 력　　일 일 관 찰　　일 일 역 중　　유 무 량
於如來十力에 **一一觀察**하면 **一一力中**에 **有無量**

의　　실 응 자 문
義니 **悉應諮問**이니라

"다시 열 가지 법을 닦아야 하나니, 무엇이 열인가. 이른바 옳은 곳, 그른 곳을 아는 지혜와 지난 세상, 지금 세상, 오는 세상의 업과 과보를 아는 지혜와 모든 선정과 해탈과 삼매를 아는 지혜와 모든 근성의 수승하고 하열함을 아는 지혜와 갖가지 이해를 아는 지혜와 갖가지 경계를 아는 지혜와 일체 곳에 이르는 길을 아는 지혜와 천안통이 걸림 없는 지혜와 숙명통이 걸림 없는 지혜와 습기習氣를 영원히 끊는 지혜이니라. 여래의 열 가지 힘을 낱낱이 관찰하며 낱낱 힘에 한량없는 뜻이 있는 것을 마땅히 물어야 하느니라."

청정범행의 실상을 깨닫고 나서 범행이라는 이름에 구애받지 아니하여 자유롭더라도 다시 중생을 교화하는 데는 열가지 지혜를 닦아야 한다. 그동안 수차례에 걸쳐서 나온 법이다. 즉 여래의 열 가지 지혜의 힘[十力]이다. 이와 같은 열 가

지 지혜의 힘을 갖춰야 중생 교화에 걸림이 없다.

16) 그 위에 자비심을 일으켜야 한다

聞已_에 應起大慈悲心_{하야} 觀察衆生_{하야} 而不捨離_{하며} 思惟諸法_{하야} 無有休息_{하며} 行無上業_{하야} 不求果報_{하고} 了知境界_가 如幻如夢_{하며} 如影如響_{하며} 亦如變化_{니라}

"또한 설법을 들은 뒤에는 큰 자비한 마음을 일으키나니, 중생을 관찰하여 버리지 아니하며, 모든 법을 생각하여 쉬지 아니하며, 위없는 업을 행하고도 과보를 구하지 아니하며, 경계가 요술과 같고 꿈과 같고 그림자 같고 메아리 같고 또한 변화와 같음을 분명히 알지니라."

보살이 열 가지 지혜의 힘을 갖춰서 중생 교화에 걸림이 없더라도 다시 큰 자비심을 일으켜야 보다 많은 중생들을 교화하게 된다. 그리고 제법의 실상을 끊임없이 관찰해서 쉬지 아니하며, 훌륭한 복덕의 업을 짓더라도 그 과보를 구하지 않아야 한다. 그래서 일체 경계가 요술과 같고 꿈과 같고 그림자 같고 메아리 같고 또한 변화와 같음을 분명히 알아야 일체 경계에 걸리지 아니한다. 아무리 옳은 경계며 훌륭한 견해라 하더라도 그것에 걸리면 곧 진흙탕에 빠진 것이 된다. 자신이 진흙탕에 빠져서야 누구를 교화하겠는가?

17) 이러한 관행觀行을 닦으면 지혜의 몸을 성취하리라

약 제 보 살 능 여 여 시 관 행 상 응 어 제 법 중
若諸菩薩이 **能與如是觀行相應**하야 **於諸法中**에

불 생 이 해 일 체 불 법 질 득 현 전 초 발 심 시
不生二解하면 **一切佛法**이 **疾得現前**하야 **初發心時**에

卽得阿耨多羅三藐三菩提라 知一切法이 卽心自
性하야 成就慧身호대 不由他悟하리라

"만일 보살들이 능히 이와 같이 관행觀行함으로써 더불어 서로 응하여 모든 법에 두 가지 이해를 내지 아니하면 일체 부처님 법이 빨리 앞에 나타날 것이며, 처음 발심할 때에 곧 아뇩다라삼먁삼보리를 얻을 것이며, 일체 법이 곧 마음의 자성임을 알 것이며, 지혜의 몸을 성취하되 다른 이를 말미암아 깨닫지 아니할 것이니라."

위와 같이 관찰해서 모든 법에 두 가지 이해를 내지 않는다는 것은 모든 존재에 상반된 견해를 내지 않는다는 말이다. 있음과 없음이며, 옳고 그름이며, 생과 멸이며, 너와 나 등 이와 같은 상반된 견해를 내지 아니하면 진정한 불법이 앞에 나타나리라.

그리고 처음 발심하자마자 곧 깨달음을 얻으리라는 것은 초발심시변성정각初發心時便成正覺이라는 화엄경의 종지에 그대로 부합하게 된다는 것이다. 무엇보다 일체 제법이 곧 마음의 자기 성품임을 알아서 지혜의 몸을 성취하게 되고 다른 사람을 말미암아 깨닫지 아니한다는 것이다.

불교에서 수행자의 청정범행을 얼마나 높이 사는가? 마치 하늘처럼 바라보는 청정범행의 실체를 여실히 분석하게 되었다. 청정범행과 청정하지 못한 일체 행에 대하여 이제는 구름을 벗어난 보름달과 같이 환하게 하늘을 비추고 땅을 비추고 사람을 비추게 되었다.

범행품 끝

대방광불화엄경 강설

제17권

十七. 초발심공덕품

앞서 십주품에서 수행의 한 계단 한 계단을 올라가면서 매 계단마다 다른 법과 공덕을 설명하였다. 그 열 계단 중에서 맨 처음 초발심의 의미는 매우 특별하다고 하였다. 이렇게 초발심의 공덕이 매우 뛰어나기 때문에 제석천왕의 질문을 통해 초발심의 공덕을 밝히게 된다.

　대반열반경에 "발심과 정각이 두 가지가 다르지 않지만 이와 같은 두 가지 마음 중에 처음 발심이 어렵다."[2]라고 하였다. 초발심의 진정한 뜻은 자신은 제도받지 못하였으나 다른 사람부터 제도하는 것이며, 자신은 먹지 못하였으나 다른 사람부터 먹도록 하는 것이며, 자신은 물에 빠져 있으나 다른 사람부터 물에서 건져 내는 것이다. 초발심의 공덕은 아무리 찬탄해도 다 설명할 수 없다는 것을 이 품에서 드러내었다.

---

2) 發心畢竟二不別 如是二心先心難.

1. 제석천왕의 청법

爾時에 **天帝釋**이 **白法慧菩薩言**하사대 **佛子**야 **菩薩**의 **初發菩提之心**하야 **所得功德**은 **其量**이 **幾何**니잇고

그때에 제석천왕이 법혜보살에게 물었습니다. "불자여, 보살이 처음으로 보리심을 내면 얻는 공덕이 얼마나 됩니까?"

천제석天帝釋은 제석천 또는 제석천왕이라고 하는데 신들의 왕으로서 불법을 수호하는 신이다. 제3회 6품 설법에서 부처님이 처음 정각을 이루신 보리수나무를 떠나지 않고 십주품과 범행품과 초발심공덕품과 명법품을 설하기 위해 수미산에 올라 제석궁전으로 가셨다. 그 제석궁의 천왕이 곧 제석천왕이다. 부처님이 제석궁전에 오시자 천왕은 열 개의

게송으로 찬탄하였다. 그리고 지금 발기인이 되어 초발심의 공덕에 대해서 법혜보살에게 묻고 있다.

2. 법혜法慧보살의 설법

1) 이치가 깊어서 이해하기 어렵다

法慧菩薩이 言하사대 此義甚深하야 難說이며 難知며 難分別이며 難信解며 難證이며 難行이며 難通達이며 難思惟며 難度量이며 難趣入이어니와 雖然이나 我當承佛威神之力하야 而爲汝說호리라

법혜보살이 말하였습니다. "이 뜻은 깊고 깊어서 말하기 어렵고, 알기 어렵고, 분별하기 어렵고, 믿고 이해하기 어렵고, 증득하기 어렵고, 행하기 어렵고, 통달하기 어렵고, 생각하기 어렵고, 헤아리기 어렵고, 들어가

기 어려우니라. 비록 그러나 내가 마땅히 부처님의 위신력을 받들어 그대를 위하여 설명하리라."

보살의 초발심에 대한 공덕은 그 뜻이 너무 깊어서 말하기 어렵고, 알기 어렵고, 분별하기 어렵고, 믿고 이해하기 어렵고, 증득하기 어렵다. 예컨대 한 달간 외국 여행을 갈 경우 처음 한마음을 내면 그 여행에 따른 모든 준비와 여행하는 동안의 즐거움과 고생과 돌아온 뒤의 후유증까지도 모두 포함된다. 그 모든 것이 처음 한마음 속에 다 포함되기 때문에 첫 마음의 의미는 그와 같이 깊고 깊다. 또 어떤 배우자와 한 가족이 되겠다고 마음을 먹으면 일생 동안의 인생살이가 그 첫 한마음 안에 다 포함된다. 하물며 인간적인 모든 삶을 포기하고 보살로서의 삶을 마음먹었다면 세세생생 영원히 가야 할 길이다. 그야말로 한번 마음을 내면 다시는 돌아오지 않는 일입청산갱불환一入靑山更不還의 길이다. 보살로서의 첫 출발이며 부처로서의 첫출발인 그 의미와 공덕을 어찌 설명으로 다할 수 있겠는가.

2) 중생의 이락利樂과 초발심공덕

佛子야 假使有人이 以一切樂具로 供養東方阿
僧祇世界所有衆生호대 經於一劫하고 然後에 敎
令淨持五戒하며 南西北方과 四維上下도 亦復如
是하면 佛子야 於汝意云何오 此人功德이 寧爲多
不아 天帝가 言하사대 佛子야 此人功德은 唯佛能知요
其餘一切는 無能量者니이다

"불자여, 가령 어떤 사람이 모든 즐길 거리로써 동방의 아승지세계에 있는 중생들에게 한 겁 동안 공양하고 그런 뒤에 오계五戒를 가르쳐서 청정하게 갖게 하며 남방 서방 북방과 네 간방과 상방 하방도 또한 이와 같이 하였다 하면, 불자여, 그대는 어떻게 생각하는가, 이 사람의 공덕이 많다고 하겠는가?"

제석천왕이 말하였습니다. "불자여, 이 사람의 공덕은 오직 부처님만이 아실 것이고 다른 모든 사람은 측량할 이가 없겠습니다."

여러 가지 예를 들어 초발심공덕과 비교한다. 작은 공덕에서 점점 큰 공덕으로 발전한다. 그러나 최후의 불가사의한 공덕까지도 초발심공덕과는 비교할 수 없다는 결론에 이른다. 제일 먼저 중생의 이락利樂과 초발심공덕을 비교하였다. 시방의 중생을 이락하게 하는 공덕도 오직 부처님만이 알 수 있지 그 나머지 모든 사람들은 알 수 없다고 하였다.

법혜보살 언 불자 차인공덕 비보살
法慧菩薩이 **言**하사대 **佛子**야 **此人功德**을 **比菩薩**

초발심공덕 백분 불급일 천분 불급일
初發心功德건댄 **百分**에 **不及一**이며 **千分**에 **不及一**이며

백천분 불급일 여시억분 백억분 천억
百千分에 **不及一**이며 **如是億分**과 **百億分**과 **千億**

分과 百千億分과 那由他億分과 百那由他億分과 千那由他億分과 百千那由他億分과 數分과 歌羅分과 算分과 喩分과 優波尼沙陀分에 亦不及一이니라

법혜보살이 말하였습니다. "불자여, 이 사람의 공덕을 보살이 처음 발심한 공덕에 견주어 보면, 백 분의 일에도 미치지 못하고, 천 분의 일에도 미치지 못하고, 백천 분의 일에도 미치지 못하고, 이와 같이 억 분과 백억 분과 천억 분과 백천억 분과 나유타억 분과 백 나유타억 분과 천 나유타억 분과 백천 나유타억 분과 수 분과 가라 분과 산 분과 유 분과 우파니사타 분의 일에도 미치지 못하느니라."

시방의 중생을 이락하게 한 공덕은 보살의 초발심한 공덕에 비교하면 무수 억만 분의 일도 안 된다는 것을 설하였다. 인도에서 사용하는 별의별 숫자의 단위를 이야기하였으나 우리들에게 익숙한 말로는 그냥 무수억만 분의 일이라고

하였을 뿐이다.

3) 이승법二乘法과 초발심공덕

佛子야 且置此喩하고 假使有人이 以一切樂具로
供養十方十阿僧祇世界所有衆生호대 經於百劫
하고 然後에 教令修十善道하며 如是供養을 經於千
劫하고 教住四禪하며 經於百千劫하고 教住四無量
心하며 經於億劫하고 教住四無色定하며

 "불자여, 이 비유는 그만두고, 가령 어떤 사람이 온갖 즐길 거리로써 시방의 열 아승지세계에 있는 중생들에게 백겁 동안 공양하고, 그런 뒤에 가르쳐서 십선도十善道를 닦게 하고, 이렇게 천겁 동안 공양한 뒤에 사선四禪에 머물게 하고, 백천 겁을 지낸 뒤에 사무량심四無量心에 머물게 하고, 억겁을 지낸 뒤에 사무색정四無色定에 머물게 하였다고 하자."

초발심의 공덕을 밝히는데 중생의 이락과 그것에 더하여 십선도十善道를 닦게 하고, 사선정에 머물게 하고, 사무량심에 머물게 하고, 사무색정에 머물게 했을 경우 그 사람의 공덕도 또한 한량이 없어서 오직 부처님이나 알 수 있지 다른 사람은 결코 알 수 없다고 한다. 그런데 보살의 초발심한 공덕은 그 공덕과는 도저히 비교할 수 없이 크다는 것이다. 이와 같이 앞의 비유보다 그 다음의 비유가 더 크고 또 그 다음의 비유가 더 크다. 이렇게 전전하여 많은 비유가 계속된다.

經於百億劫하고 敎住須陀洹果하며 經於千億劫하고 敎住斯陀含果하며 經於百千億劫하고 敎住阿那含果하며 經於那由他億劫하고 敎住阿羅漢

과 경어백천나유타억겁 교주벽지불도
果하며 經於百千那由他億劫하고 敎住辟支佛道하면

불자 어의운하 시인공덕 영위다부
佛子야 於意云何오 是人功德이 寧爲多不아

"또 백억 겁을 지낸 뒤에 수다원과에 머물게 하고, 천억 겁을 지낸 뒤에 사다함과에 머물게 하고, 백천억 겁을 지낸 뒤에 아나함과에 머물게 하고, 나유타억 겁을 지낸 뒤에 아라한과에 머물게 하고, 백천 나유타억 겁을 지낸 뒤에 가르쳐서 벽지불도에 머물게 하였다면, 불자여, 어떻게 생각하는가, 이 사람의 공덕이 많다고 하겠는가?"

이승의 법을 닦기까지는 앞에서 비유한 과정을 거친다고 보았다. 그리고 다시 "수다원과, 사다함과, 아나함과, 아라한과, 벽지불의 경지에 올라 무수한 시간을 보내게 한다고 하였을 경우 이 사람의 공덕은 얼마나 많겠는가?"라고 하였다.

천제언 불자 차인공덕 유불능지
天帝가 **言**하사대 **佛子**야 **此人功德**은 **唯佛能知**니이다

법혜보살 언 불자 차인공덕 비보살초
法慧菩薩이 **言**하사대 **佛子**야 **此人功德**을 **比菩薩初**

발심공덕 백분 불급일 천분 불급일
發心功德컨댄 **百分**에 **不及一**이며 **千分**에 **不及一**이며

백천분 불급일 내지우파니사타분 역불
百千分에 **不及一**이며 **乃至優波尼沙陀分**에 **亦不**

급일
及一이니라

제석천왕이 말하였습니다. "불자여, 이 사람의 공덕은 오직 부처님만이 알 것입니다."

법혜보살이 말하였습니다. "불자여, 이 사람의 공덕은 보살이 처음 발심한 공덕에 비교하면 백 분의 일에도 미치지 못하고, 천 분의 일에도 미치지 못하고, 백천 분의 일에도 미치지 못하고, 내지 우파니사타 분의 일에도 미치지 못하느니라."

앞에서 든 소승 4과와 벽지불의 경지를 얻어 오랜 시간을 지내게 한 공덕과 보살이 처음 보리심을 발한 공덕을 비교

하면 무수억만 분의 일에도 미치지 못한다고 하였다.

何以故_오 佛子_야 一切諸佛_이 初發心時_에 不但
爲以一切樂具_로 供養十方十阿僧祇世界所有
衆生_을 經於百劫_과 乃至百千那由他億劫故_로 發
菩提心_{이요}

"무슨 까닭인가. 불자여, 모든 부처님께서 처음 발심할 때 다만 온갖 즐길 거리로써 시방의 열 아승지세계에 있는 중생들에게 공양하기를, 백겁 동안이나 내지 백천 나유타억 겁 동안을 지내기 위하여 보리심을 낸 것이 아니니라."

보살의 처음 보리심을 발한 공덕과 그 외의 다른 공덕을 도저히 비교할 수 없는 까닭을 설명한다. 먼저 온갖 즐길 거리로써 시방세계 모든 중생들에게 백겁이나 또는 백천 나유타억 겁 동안 즐기게 하려고 보리심을 발한 것이 아니다. 그렇다면 무엇을 위함인가? 여래의 종성種性이 끊어지지 않게 하기 위한 까닭이며 일체 세계에 두루 가득하게 하기 위한 까닭이며 일체 세계의 중생을 제도하여 해탈케 하기 위한 까닭 등등이라고 하였다.

부단위교이소중생　　영수오계십선업도
不但爲敎爾所衆生하야 **令修五戒十善業道**하며

교주사선사무량심사무색정　　교득수다원과
敎住四禪四無量心四無色定하며 **敎得須陀洹果**와

사다함과　아나함과　아라한과　벽지불도고
斯陀含果와 **阿那含果**와 **阿羅漢果**와 **辟支佛道故**로

발보리심
發菩提心이라

"다만 그렇게 많은 중생들을 가르쳐서 오계五戒와 십선업도十善業道를 닦게 하거나, 사선정四禪定, 사무량심四無量心, 사무색정四無色定에 머물게 하거나, 수다원과나 사다함과나 아나함과나 아라한과나 벽지불도를 얻게 하기

위하여 보리심을 낸 것이 아니니라."

오계와 십선도와 사선정과 사무량심과 사무색정을 얻는다면 이 얼마나 훌륭한 수행인가. 또 수다원과, 사다함과, 아나함과, 아라한과, 벽지불과 등등은 또한 얼마나 훌륭하고 얻기 어려운 수행의 결과인가. 많은 생을 거듭하면서 수행하더라도 그와 같은 결과는 보장할 수 없는 것이다. 그러나 대승의 보리심은 다만 그와 같은 결과를 얻자고 낸 것이 아니다.

위령여래종성부단고 위충변일체세계고
爲令如來種性不斷故며 爲充徧一切世界故며

위도탈일체세계중생고 위실지일체세계성괴
爲度脫一切世界衆生故며 爲悉知一切世界成壞

고 위실지일체세계중중생구정고 위실지일
故며 爲悉知一切世界中衆生垢淨故며 爲悉知一

체세계자성청정고
切世界自性淸淨故며

"여래의 종성種性이 끊어지지 않게 하기 위한 까닭이며, 일체 세계에 두루 가득하게 하기 위한 까닭이며, 일체 세계의 중생을 제도하여 해탈케 하기 위한 까닭이며, 일체 세계의 이루고 무너짐을 다 알기 위한 까닭이며, 일체 세계에 있는 중생의 때묻고 깨끗함을 다 알기 위한 까닭이며, 일체 세계의 자성이 청정함을 다 알기 위한 까닭이니라."

그렇다면 무엇 때문에 보리심을 발했는가? 보리심을 발한 까닭을 밝힌다.

첫째 여래의 종성種性이 끊어지지 않게 하기 위해서 보리심을 발했다고 하였다. 여래의 종성이 끊어지지 않게 하려면 여래가 계속해서 세상에 출현해야 한다. 여래가 세상에 출현한다는 것은 모든 사람이 본래로 여래임을 스스로 깨닫는 사람이 많이 출현한다는 것이다.

또 일체 세계의 중생을 제도하여 해탈케 하기 위한 까닭에 보리심을 발했다고 하였다. 중생이 아무리 많다 하더라도 그 많은 중생을 맹세코 다 건지겠다는 보살의 크나큰 서원으로 보리심을 발한다.

또 일체 세계의 자성이 청정함을 다 알기 위해서 보리심을 발했다고 하였다. 우리는 이 세계가 부정하고, 더럽고, 험악하고, 위태로워서 중생이 살기 어렵고 힘이 든다고 알고 있다. 하지만 실로 세계는 본래로 그 자성이 청정하여 완전 무결하다. 아무런 문제가 없으며, 부정하고 더럽고 험악하고 위태로움은 모두가 허상이다. 이러한 것을 알기 위해서 보리심을 발한 것이다.

爲悉知一切衆生의 心樂煩惱習氣故며 爲悉知一切衆生의 死此生彼故며 爲悉知一切衆生의 諸根方便故며 爲悉知一切衆生心行故며 爲悉知一切衆生三世智故며 爲悉知一切佛境界平等故로 發於無上菩提之心이니라

"일체 중생의 욕락과 번뇌와 습기를 다 알기 위한 까닭이며, 일체 중생이 이곳에서 죽어서 저곳에 태어나는 것을 다 알기 위한 까닭이며, 일체 중생의 모든 근성根性과 방편을 다 알기 위한 까닭이며, 일체 중생의 마음의 행行을 다 알기 위한 까닭이며, 일체 중생의 삼세의 지혜를 다 알기 위한 까닭이며, 일체 부처님의 경계가 평등함을 다 알기 위한 까닭으로 가장 높은 보리심을 내었느니라."

또 일체 중생의 욕락과 번뇌와 습기와 죽고 태어나는 것과 근성과 방편과 마음의 행과 삼세의 지혜를 다 알기 위해서이며, 또 일체 부처님의 경계가 평등함을 다 알기 위해서 무상보리의 마음을 발한 것이다.

4) 세계의 끝과 초발심공덕

불자야 부치차유하고 가사유인이 어일념경에
佛子야 **復置此喩**하고 **假使有人**이 **於一念頃**에

能過東方阿僧祇世界호대 念念如是하야 盡阿僧
祇劫하면 此諸世界를 無有能得知其邊際니 又第
二人이 於一念頃에 能過前人阿僧祇劫所過世
界호대 如是亦盡阿僧祇劫하고 次第展轉하야 乃至
第十하며

"또 불자여, 이 비유는 그만두고, 가령 어떤 사람이 한 생각 동안에 동방으로 아승지세계를 능히 지나가고, 또 생각 생각마다 이와 같이 하여 아승지겁이 끝나도록 하였다면 이 모든 세계는 그 끝을 알 수 없으리라. 또한 둘째 사람이 한 생각 동안에 앞의 사람이 아승지겁 동안에 지나간 세계를 능히 지나가고, 이와 같이 하기를 또 아승지겁이 다하도록 하고, 이렇게 차례차례로 더하고 더하여 열째 사람에게 이르렀다고 하자."

南西北方과 四維上下도 亦復如是하면 佛子야 此十方中에 凡有百人이 一一如是過諸世界라도 是諸世界는 可知邊際어니와 菩薩의 初發阿耨多羅三藐三菩提心한 所有善根은 無有能得知其際者니라

"또 남방 서방 북방과 네 간방과 상방과 하방도 역시 이와 같이 하였다고 하자. 불자여, 이 시방 가운데 모두 백 명의 사람이 있어서 낱낱이 이와 같이 하여 모든 세계를 지나갔다면, 이 모든 세계는 오히려 그 끝을 알 수 있다 하더라도 보살이 처음으로 아뇩다라삼먁삼보리심을 내어서 얻은 선근은 그 끝을 알 사람이 없을 것이니라."

세계의 끝과 초발심공덕의 끝을 비교하였다. 우주가 무한함을 엿볼 수 있는 비유이다. 요즘의 표현대로라면 수백

억 광년을 지나고 다시 수백억 광년을 지난 그 끝이 어디쯤인가를 안다 하더라도 보살이 가장 높은 깨달음의 마음을 낸 선근은 그 끝을 누구도 알 수 없다는 것이다.

하이고 불자 보살 부제한 단위왕이
何以故오 **佛子**야 **菩薩**이 **不齊限**하야 **但爲往爾**

소세계 득요지고 발보리심 위요지시
所世界하야 **得了知故**로 **發菩提心**이라 **爲了知十**

방세계고 발보리심
方世界故로 **發菩提心**이니라

"무슨 까닭인가. 불자여, 보살이 분제와 한계를 지어서 다만 저러한 세계를 알기 위하여 보리심을 내기로 한 것이 아니니라. 시방세계를 분명히 알기 위하여 보리심을 낸 것이니라."

앞에서 비유를 들어 비교한 것은 시방세계를 철저히 다 알고자 하는 뜻에서 보살이 보리심을 발한 것을 말하기 위함이다. 수백억 광년 그 끝까지만을 알기 위해서 보리심을 발한 것이 아니라는 것이다.

所謂欲了知妙世界가 卽是麤世界요 麤世界가

卽是妙世界와 仰世界가 卽是覆世界요 覆世界가

卽是仰世界와 小世界가 卽是大世界요 大世界가

卽是小世界와 廣世界가 卽是狹世界요 狹世界가

卽是廣世界와 一世界가 卽是不可說世界요 不可

說世界가 卽是一世界와 不可說世界가 入一世界요

一世界가 入不可說世界와 穢世界가 卽是淨世界요

淨世界가 卽是穢世界하며

"이른바 아름다운 세계가 곧 거친 세계요 거친 세계

가 곧 아름다운 세계며, 잦혀진 세계가 곧 엎어진 세계
요 엎어진 세계가 곧 잦혀진 세계며, 작은 세계가 곧 큰
세계요 큰 세계가 곧 작은 세계며, 넓은 세계가 곧 좁은
세계요 좁은 세계가 곧 넓은 세계며, 한 세계가 곧 말할
수 없는 세계요 말할 수 없는 세계가 곧 한 세계며, 말
할 수 없는 세계가 한 세계에 들어가고 한 세계가 말할
수 없는 세계에 들어가며, 더러운 세계가 곧 깨끗한 세
계요 깨끗한 세계가 곧 더러운 세계임을 분명히 알고자
한 것이니라."

세계의 무한한 끝을 알고자 할 뿐만 아니라 모든 세계의
둘이 아니며 원만 융통한 본성을 깨달아 알고자 한 것이다.
모든 세계의 아름다움과 거침과 잦혀짐과 엎어짐과 작음과
큼과 넓음과 좁음과 하나와 많음과 더러움과 청정함이 둘
이 아니며 원통자재함을 다 깨달아 알고자 보리심을 발한
것이다.

欲知一毛端中一切世界差別性과 一切世界中
一毛端一體性하며 欲知一世界中에 出生一切
世界하며 欲知一切世界無體性하며 欲以一念心으로
盡知一切廣大世界호대 而無障礙故로 發阿耨多
羅三藐三菩提心이니라

 "또 한 터럭 끝 가운데가 일체 세계의 차별한 성품이며, 일체 세계 가운데가 한 터럭 끝의 한 성품임을 알고자 하며, 한 세계 가운데서 일체 세계를 출생하는 것을 알고자 하며, 일체 세계가 자체 성품이 없음을 알고자 하며, 잠깐 동안 마음으로 모든 광대한 세계를 다 알아서 장애가 없고자 하는 까닭에 아뇩다라삼먁삼보리심을 내었느니라."

 한 터럭 끝 가운데가 일체 세계의 차별한 성품이며 일체 세계 가운데가 한 터럭 끝의 한 성품이란 것은 모든 세계의 본질은 하나이기 때문에 한 터럭 끝에서 일체 세계의 차별한 성품을 알 수 있다는 뜻이다. 마치 난초잎 하나를 갈아서 가루로 만들어 그 가루 하나를 배양하면 온전한 난초가 생기는 것과 같다. 난초잎 가루 속에 뿌리도 있고 잎도 있고 꽃도 있고 향기도 다 있다.

동물이나 사람도 마찬가지다. 사람 몸의 60조 세포 하나하나 속에 60조의 세포를 가진 온전한 사람이 다 들어 있다. 뼈의 성질도 있고, 피의 성질도 있고, 오장육부의 모든 성질이 다 들어 있어서 세포 하나로 복제하면 온전한 사람이 된다. 개나 돼지나 소도 마찬가지다. 다른 동물은 법적으로 허가가 되기 때문에 마음대로 복제를 한다. 어디선가 불법으로 복제 인간을 만들었을지도 모른다. 이것이 모든 존재의 존재 원리다. 이러한 사실을 깨달아 알고자 보리심을 발한 것이다.

5) 세계의 겁수와 초발심공덕

佛子야 復置此喩하고 假使有人이 於一念頃에 能
知東方阿僧祇世界成壞劫數호대 念念如是하야 盡
阿僧祇劫하면 此諸劫數를 無有能得知其邊際니라

"불자여, 이 비유는 그만두고, 가령 어떤 사람이 한 생각 동안에 동방에 있는 아승지세계가 이루어지고 무너지는 겁의 수효를 능히 알며, 생각 생각마다 이와 같이 하여 아승지겁이 다하도록 한다면, 이 모든 겁의 수효를 끝까지 능히 알 수가 없으리라."

有第二人이 於一念頃에 能知前人阿僧祇劫
所知劫數하고 如是廣說하야 乃至第十하며 南西北

方과 四維上下도 亦復如是하면 佛子야 此十方阿僧祇世界成壞劫數는 可知邊際어니와 菩薩의 初發阿耨多羅三藐三菩提心한 功德善根은 無有能得知其際者니라

"또 둘째 사람이 한 생각 동안에 앞 사람의 아승지겁 동안에 아는 겁의 수효를 능히 알며, 이와 같이 널리 말하여 열째 사람에게 이르고, 남방 서방 북방과 네 간방과 상방 하방도 또한 이와 같다고 한다면, 불자여, 이러한 시방의 아승지세계가 이뤄지고 무너지는 겁의 수효는 그 끝을 알 수 있다 하더라도, 보살이 아뇩다라삼먁삼보리심을 처음 낸 공덕과 선근은 그 끝을 알지 못하느니라."

하루살이가 생멸하는 시간은 하루이고, 세포가 생멸하는 시간은 겨우 며칠이 될 것이다. 사람의 생멸은 100년 전후이다. 그러나 우리가 사는 지구나 다른 별들이 성주괴공成住

壞空하는 시간은 몇 십억 년이나 되는지 알 수가 없다. 시방의 모든 세계가 성주괴공하는 겁의 수효라면 더욱 알지 못할 것이다. 그러나 그것을 설사 안다고 하더라도 보살이 보리심을 발한 공덕의 선근은 그 끝을 능히 알 수 없을 것이다.

何以故오 菩薩이 不齊限하야 但爲知爾所世界
成壞劫數故로 發阿耨多羅三藐三菩提心이라 爲
悉知一切世界成壞劫하야 盡無餘故로 發阿耨多
羅三藐三菩提心이니라

"무슨 까닭인가. 보살이 다만 분제와 한계를 지어서 저러한 세계가 이뤄지고 무너지는 겁의 수효만을 알기 위하여 아뇩다라삼먁삼보리심을 내기로 한 것이 아니고, 일체 세계가 이뤄지고 무너지는 겁을 모두 알아서 남음이 없게 하기 위하여 아뇩다라삼먁삼보리심을 내는 것이니라."

앞에서 밝힌 세계가 성주괴공하는 겁의 수효만을 알기 위해서 발심한 것이 아니라 일체 세계의 성주괴공하는 겁의 수효를 남김없이 알기 위해서 보리심을 발하였다고 하였다.

所謂知長劫이 與短劫平等하고 短劫이 與長劫平等과 一劫이 與無數劫平等하고 無數劫이 與一劫平等과 有佛劫이 與無佛劫平等하고 無佛劫이 與有佛劫平等과 一佛劫中에 有不可說佛하고 不可說佛劫中에 有一佛과 有量劫이 與無量劫平等하고 無量劫이 與有量劫平等과

"이른바 긴 겁이 짧은 겁과 평등하고 짧은 겁이 긴 겁과 평등하며, 한 겁이 무수한 겁과 평등하고 무수한 겁이 한 겁과 평등하며, 부처님이 있는 겁이 부처님 없

는 겁과 평등하고 부처님 없는 겁이 부처님 있는 겁과 평등하며, 한 부처님 겁 가운데 말할 수 없는 부처님이 있고 말할 수 없는 부처님 겁 가운데 한 부처님이 있으며, 한량 있는 겁이 한량없는 겁과 평등하고 한량없는 겁이 한량 있는 겁과 평등함을 알기 위함이니라."

긴 겁이 짧은 겁과 평등하고 짧은 겁이 긴 겁과 평등하며, 한 겁이 무수한 겁과 평등하고 무수한 겁이 한 겁과 평등하며, 한량 있는 겁이 한량없는 겁과 평등하고 한량없는 겁이 한량 있는 겁과 평등하다는 것은 법성게에서 말한 이른바 '일념이 즉시 무량겁이며 무량겁이 곧 일념'이라는 말과 같다. 즉 차별 현상에서는 시간의 길고 짧음이 분명하지만 그 본질에 있어서는 동일하다는 것이다.

有盡劫이 與無盡劫平等하고 無盡劫이 與有盡劫平等과 不可說劫이 與一念平等하고 一念이 與

不可說劫平等과 一切劫이 入非劫하고 非劫이 入
一切劫하며 欲於一念中에 盡知前際後際와 及現
在一切世界成壞劫故로 發阿耨多羅三藐三菩
提心이니 是名初發心大誓莊嚴으로 了知一切劫
神通智니라

 "또 다함 있는 겁이 다함없는 겁과 평등하고 다함없는 겁이 다함 있는 겁과 평등하며, 말할 수 없는 겁이 한 찰나와 평등하고 한 찰나가 말할 수 없는 겁과 평등하며, 일체 겁이 겁 아닌 데 들어가고 겁 아닌 것이 일체 겁에 들어가는 것을 알기 위함이니라. 또 잠깐 동안에 앞세상 뒷세상과 지금 세상의 일체 세계가 이루어지고 무너지는 겁을 모두 알고자 하여 아뇩다라삼먁삼보리심을 내는 것이니, 이것을 이름하여 '처음 발심하고 큰 서원 장엄으로 일체의 겁을 분명히 아는 신통한 지혜'라고 하느니라."

세계의 겁수와 초발심공덕을 비교하면서 시간의 원융성을 밝힌 내용이다. 이와 같이 자유자재한 초월적 시간 속에 과거와 현재와 미래의 일체 세계가 성주괴공하고 있음을 다 알기 위한 까닭에 보리심을 발하였다고 하였다. 인간의 육신에 존재하는 60조의 세포가 지금 이 순간에도 끊임없이 생로병사하고, 지구상의 70억 인구도 역시 끊임없이 생로병사하듯이 무한한 우주 공간에 떠 있는 무량 무수한 별들도 끊임없이 순간순간 성주괴공하고 있다는 사실을 끝까지 다 알기 위해서 보리심을 발한 것이다.

6) 중생들의 차별 이해와 초발심공덕

佛子야 復置此喩하고 假使有人이 於一念頃에

能知東方阿僧祇世界所有眾生의 種種差別解호대

念念如是하야 盡阿僧祇劫이어든

"불자여, 이 비유는 그만두고, 가령 어떤 사람이 한 생각 동안에 동방의 아승지세계에 있는 중생들의 갖가지 차별한 이해를 능히 알며, 생각 생각마다 이와 같이 하여 아승지겁이 다하도록 하였다고 하자."

중생들의 차별한 이해도 참으로 불가사의한 세계다. 생활 환경과 살아온 과정에 따라 다르고 수시로 달라지며 상황에 따라 또 달라지는 것이 중생들의 이해다. 그리고 한 생각 동안에 동방의 아승지세계에 있는 중생들의 차별한 이해를 아는 것은 큰 능력이다. 그러나 보살이 보리심을 발하는 것은 그것만을 위한 것이 아니다.

유제이인 어일념경 능지전인아승지겁
有第二人이 **於一念頃**에 **能知前人阿僧祇劫**

소지중생제해차별   여시역진아승지겁
所知衆生諸解差別하야 **如是亦盡阿僧祇劫**하며

차제전전   내지제십   남서북방   사유상
次第展轉하야 **乃至第十**하고 **南西北方**과 **四維上**

下도 亦復如是하면 佛子야 此十方衆生의 種種差
別解는 可知邊際이어니와 菩薩의 初發阿耨多羅三藐
三菩提心한 功德善根은 無有能得知其際者니라

"또 둘째 사람이 한 생각 동안에 앞의 사람이 아승지 겁 동안에 아는 중생들의 여러 가지 차별한 이해를 능히 알아서, 이와 같이 아승지겁이 다하도록 하였으며, 이렇게 차례차례로 하여 열째 사람에게 이르렀고, 남방 서방 북방과 네 간방과 상방 하방도 또한 이와 같이 하였다면, 불자여, 이 시방 중생들의 가지가지 차별한 이해를 끝까지 알 수 있다 하더라도, 보살이 처음으로 아뇩다라삼먁삼보리심을 낸 공덕 선근은 그 끝을 능히 알 수 없느니라."

"시방 중생들의 가지가지 차별한 이해를 끝까지 알 수 있다 하더라도, 보살이 처음으로 아뇩다라삼먁삼보리심을 낸 공덕 선근은 그 끝을 능히 알 수 없느니라." 이것이 비유를

든 뜻이다.

何以故오 佛子야 菩薩이 不齊限하야 但爲知爾

所衆生解故로 發阿耨多羅三藐三菩提心이라 爲

盡知一切世界所有衆生의 種種差別解故로 發

阿耨多羅三藐三菩提心이니

"무슨 까닭인가. 불자여, 보살은 분제를 나누고 한계를 지어서 다만 저러한 중생들의 이해를 알기 위해서만 아뇩다라삼먁삼보리심을 내는 것이 아니고, 일체 세계에 있는 중생의 가지가지 차별한 이해를 모두 알기 위하여 아뇩다라삼먁삼보리심을 내는 것이니라."

보리심을 발한 것은 어느 정도로 제한해서 중생들의 차별한 이해를 알기 위한 것이 아님을 밝혔다.

所謂欲知一切差別解無邊故와 一衆生解無
數衆生解平等故며 欲得不可說差別解方便智
光明故며 欲悉知衆生海各各差別解하야 盡無餘
故며 欲悉知過現未來善不善種種無量解故며 欲
悉知相似解不相似解故며

"이른바 일체 차별한 이해의 그지없음을 알려는 연고
며, 한 중생의 이해가 무수한 중생의 이해와 평등함을
알려는 연고며, 말할 수 없이 차별한 이해를 아는 방편
지혜 광명을 얻으려는 연고며, 중생들의 제각기 차별한
이해를 모두 남김없이 알려는 연고며, 과거 현재 미래
의 선善하고 선하지 못한 갖가지 한량없는 이해를 모두
알려는 연고며, 비슷한 이해와 비슷하지 아니한 이해를
모두 다 알려는 연고이니라."

보살이 보리심을 낸 것은 어느 정도라고 제한해서 중

생들의 차별한 이해를 알기 위한 것이 아님을 부연 설명하였다.

欲悉知一切解가 即是一解와 一解가 即是一切解故며 欲得如來解力故며 欲悉知有上解無上解와 有餘解無餘解와 等解不等解差別故며 欲悉知有依解無依解와 共解不共解와 有邊解無邊解와 差別解無差別解와 善解不善解와 世間解出世間解差別故며

"일체 이해가 곧 한 이해요 한 이해가 곧 일체 이해임을 모두 알려는 연고며, 여래의 이해하는 힘을 얻으려는 연고이니라. 또 위가 있는 이해와 위가 없는 이해와 남음이 있는 이해와 남음이 없는 이해와 평등한 이

해와 평등하지 아니한 이해의 차별함을 모두 알려는 연고며, 또 의지 있는 이해와 의지 없는 이해와 함께하는 이해와 함께하지 않는 이해와 끝이 있는 이해와 끝이 없는 이해와 차별이 있는 이해와 차별이 없는 이해와 선善한 이해와 선하지 못한 이해와 세간의 이해와 출세간의 이해가 차별한 것을 모두 알려는 연고이니라."

보살이 보리심을 낸 것이 어느 정도라고 제한해서 중생들의 차별한 이해를 알기 위한 것이 아님을 부연하는 내용이 더욱 확대되고 더욱 발전하였다.

욕 어 일 체 묘 해 대 해 무 량 해 정 위 해 중   득 여
欲於一切妙解大解無量解正位解中에 **得如**

래 해 탈 무 장 애 지 고   욕 이 무 량 방 편   실 지 시
來解脫無障礙智故며 **欲以無量方便**으로 **悉知十**

방 일 체 중 생 계 일 일 중 생   정 해 염 해   광 해 약
方一切衆生界一一衆生의 **淨解染解**와 **廣解略**

해   세 해 추 해   진 무 여 고   욕 실 지 심 밀 해
解와 **細解麤解**하야 **盡無餘故**며 **欲悉知深密解**와

방편해   분별해   자연해   수인소기해   수연
方便解와 分別解와 自然解와 隨因所起解와 隨緣

소기해   일체해망   실무여고   발아뇩다라
所起解와 一切解網하야 悉無餘故로 發阿耨多羅

삼먁삼보리심
三藐三菩提心이니라

"또 일체의 묘한 이해와 큰 이해와 한량없는 이해와 바른 지위의 이해 가운데서 여래 해탈의 걸림 없는 지혜를 얻으려는 연고며, 또 한량없는 방편으로 시방의 일체 중생계에 있는 낱낱 중생의 깨끗한 이해와 물든 이해와 넓은 이해와 간략한 이해와 세밀한 이해와 거친 이해를 모두 알아서 남음이 없게 하려는 연고며, 또 깊고 비밀한 이해와 방편의 이해와 분별한 이해와 자연의 이해와 인因을 따라 일어나는 이해와 연緣을 따라 일어나는 이해를 모두 알아서 일체 이해의 그물을 끝까지 다하여 남음이 없게 하려는 연고로 아뇩다라삼먁삼보리심을 내는 것이니라."

경문에서 밝힌 이와 같이 장황한 각종 이해들을 남김없

이 다 알고자 해서 아뇩다라삼먁삼보리심을 내는 것이다.

7) 중생들의 근성 차별과 초발심공덕

佛子야 復置此喩하고 假使有人이 於一念頃에
能知東方無數世界一切衆生의 諸根差別호대 念
念如是하야 經阿僧祇劫이어든

"불자여, 이 비유 또한 그만두고, 가령 어떤 사람이 한 생각 동안에 동방의 무수한 세계에 있는 모든 중생의 근성이 차별함을 알며 생각 생각마다 이와 같이 하여 아승지겁을 지냈다고 하자."

다시 또 새로운 비유를 들어 초발심공덕과 비교한다. 일체 중생의 근성 차별을 아는 공덕과 보리심을 발한 공덕이다.

유제이인 어일념경 능지전인 아승지겁
有第二人이 **於一念頃**에 **能知前人**의 **阿僧祇劫**에

염념소지제근차별 여시광설 내지제십
念念所知諸根差別하며 **如是廣說**하야 **乃至第十**하고

남서북방 사유상하 역부여시 불자 차
南西北方과 **四維上下**도 **亦復如是**하면 **佛子**야 **此**

시방세계소유중생 제근차별 가지변제
十方世界所有衆生의 **諸根差別**은 **可知邊際**이니와

보살 초발아뇩다라삼먁삼보리심 공덕선
菩薩의 **初發阿耨多羅三藐三菩提心**한 **功德善**

근 무유능득지기제자
根은 **無有能得知其際者**니라

"또 둘째 사람이 한 생각 동안에 앞의 사람이 아승지겁 동안에 생각 생각마다 아는 모든 근성의 차별함을 알며, 이렇게 모두 말하여 열째 사람에게 이르렀고, 남방 서방 북방과 네 간방과 상방 하방도 역시 이와 같이 하였다면, 불자여, 이 시방세계에 있는 중생들의 근성이 차별함을 끝까지 안다 하더라도 보살이 아뇩다라삼먁삼보리심을 처음으로 낸 공덕과 선근은 그 끝을 알 사람이 없느니라."

"시방세계에 있는 중생들의 근성이 차별함을 끝까지 안다 하더라도, 보살이 아뇩다라삼먁삼보리심을 처음으로 낸 공덕과 선근은 그 끝을 알 사람이 없느니라."

何以故오 菩薩이 不齊限하야 但爲知爾所世界衆生根故로 發阿耨多羅三藐三菩提心이라 爲盡知一切世界中一切衆生根의 種種差別하며 廣說乃至欲盡知一切諸根網故로 發阿耨多羅三藐三菩提心이니라

"무슨 까닭인가. 보살이 분제를 나누고 한계를 지어서 다만 저러한 세계 중생들의 근성을 알기 위하여 아뇩다라삼먁삼보리심을 낸 것이 아니라, 일체 세계 가운데 있는 일체 중생의 근성이 갖가지로 차별한 것을 모두 알기 위한 것이며, 더 널리 말하면 내지 일체 근성의

그물을 모두 알려는 연고로 아뇩다라삼먁삼보리심을 내는 것이니라."

중생의 근성 차별을 아는 공덕과 보리심을 발한 공덕이 차별한 까닭을 밝혔다. 보살이 보리심을 발하는 것은 그 어떤 공덕이라도 분제를 나누고 한계를 짓는 것이 아니다. 분제가 없고 한계가 없는 것이 보살의 발심이다.

8) 중생들의 욕락 이해와 초발심공덕

佛子야 復置此喩하고 假使有人이 於一念頃에 能知東方無數世界所有衆生의 種種欲樂호대 念念如是하야 盡阿僧祇劫하며 次第廣說하야 乃至第十하고 南西北方과 四維上下도 亦復如是하면 此十

方衆生의 所有欲樂은 可知邊際어니와 菩薩의 初發
阿耨多羅三藐三菩提心한 功德善根은 無有能得
知其際者니라

 "불자여, 이 비유 또한 그만두고, 가령 어떤 사람이 한 생각 동안에 동방의 무수한 세계에 있는 중생들의 갖가지 욕망을 알며, 생각 생각마다 이와 같이 하여 아승지겁이 다하도록 하였고, 차례로 이렇게 널리 말하여 열째 사람에게 이르렀으며, 남방 서방 북방과 네 간방과 상방 하방도 역시 이와 같았다고 하자. 시방 중생들이 가진 욕망은 그 끝을 다 안다고 하더라도, 보살이 처음으로 아뇩다라삼먁삼보리심을 낸 공덕과 선근은 그 끝을 능히 아는 사람이 없느니라."

 또 새로운 비유를 들어서 보살의 초발심공덕과 비교하고 있다. 중생의 욕락을 이해하는 것도 중생을 교화하는 데는 중요한 능력이 된다. 중생의 욕락을 이해하지 못하고 취미와 적성을 모른 채 법을 설한다면 그것은 사상누각이 되어서 서로의 시간만 소비할 뿐이다. 그래서 중생의 욕락을 이해하는 것은 중요하므로 "시방 중생들이 가진 욕락은 그 끝을 다 안다고 하더라도, 보살이 처음으로 아뇩다라삼먁삼보리심을 낸 공덕과 선근은 그 끝을 능히 아는 사람이 없느니라."라고 비교하였다.

하이고 불자 보살 부제한 단위지이
何以故오 **佛子**야 **菩薩**이 **不齊限**하야 **但爲知爾**

소 중 생 욕 락 고   발 아 뇩 다 라 삼 먁 삼 보 리 심
所衆生欲樂故로 **發阿耨多羅三藐三菩提心**이라

위 진 지 일 체 세 계 소 유 중 생   종 종 욕 락   광 설
爲盡知一切世界所有衆生의 **種種欲樂**하며 **廣說**

내 지 욕 진 지 일 체 욕 락 망 고   발 아 뇩 다 라 삼 먁
乃至欲盡知一切欲樂網故로 **發阿耨多羅三藐**

삼 보 리 심
三菩提心이니라

"무슨 까닭인가. 불자여, 보살이 분제를 나누고 제한하여 다만 저러한 중생들의 욕망을 알기 위한 것만으로

아뇩다라삼먁삼보리심을 내는 것이 아니니라. 일체 세계에 있는 중생들의 갖가지 욕락을 모두 다 알려는 연고며, 널리 말하면 일체의 욕락그물을 모두 알기 위한 연고로 아뇩다라삼먁삼보리심을 내는 것이니라."

보살이 보리심을 발하는 것은 일체 세계에 있는 중생들의 갖가지 욕락을 모두 다 알려는 연고며, 널리 말하면 일체의 욕락그물을 모두 알기 위한 것이 그 까닭이 된다.

9) 중생들의 종종방편과 초발심공덕

佛子야 復置此喩하고 假使有人이 於一念頃에
불자　부치차유　　가사유인　어일념경

能知東方無數世界所有衆生의 種種方便하며 如
능지동방무수세계소유중생　종종방편　　여

是廣說하야 乃至第十하고 南西北方과 四維上下도
시광설　　내지제십　　남서북방　　사유상하

亦復如是하면 此十方衆生의 種種方便은 可知邊
역부여시　　차시방중생　종종방편　가지변

際이니와 菩薩의 初發阿耨多羅三藐三菩提心한 功德善根은 無有能得知其際者니라

"불자여, 이 비유 또한 그만두고, 가령 어떤 사람이 한 생각 동안에 동방의 무수한 세계에 있는 중생들의 갖가지 방편을 알며, 이렇게 모두 말하여 열째 사람에게 이르렀고, 남방 서방 북방과 네 간방과 상방 하방도 역시 이와 같다고 하자. 이 시방 중생들의 갖가지 방편은 그 끝까지를 안다 하더라도, 보살이 처음으로 아뇩다라삼먁삼보리심을 내는 공덕 선근은 그 끝을 알 사람이 없느니라."

다시 또 새로운 비유를 들어서 보살의 초발심공덕과 비교한다. 무수한 세계에 있는 중생들의 가지가지 방편이다. 여기서 방편이란 그 많은 중생들이 살아가는 방법과 모습들이다. 세상에는 뭇 생명, 즉 중생들이 얼마나 많은가. 육지에 사는 중생, 물속에 사는 중생, 땅속에 사는 중생, 날아다니는 중생 등등 헤아릴 수 없이 많다. 육지에 산다 하더라도

사람과 동물과 곤충 등이 있고 사람만 하더라도 동양과 서양, 각각의 나라와 민족에 따라 사는 방법과 모습이 다 다르다. 또한 집집마다 사람마다 다 다르다. 도저히 다 알 수 없다. 설사 이것은 다 안다 하더라도 보살의 보리심을 발한 공덕 선근은 그 끝을 능히 다 알 수 없다고 하였다.

何以故오 佛子야 菩薩이 不齊限하야 但爲知爾
所世界衆生의 種種方便故로 發阿耨多羅三藐三
菩提心이라 爲盡知一切世界所有衆生의 種種方
便하며 廣說乃至欲盡知一切方便網故로 發阿耨
多羅三藐三菩提心이니라

"무슨 까닭인가. 불자여, 보살이 분제를 나누고 한계를 지어서 다만 저러한 세계에 있는 중생들의 갖가지 방편을 알기 위해 아뇩다라삼먁삼보리심을 내는 것이 아니라, 일체 세계에 있는 중생들의 갖가지 방편을 모두 알기 위한 것이며, 널리 말하면 내지 일체의 방편그물을 모두 다 알려는 까닭에 아뇩다라삼먁삼보리심을 내는 것이니라."

앞에서 든 시방 중생들의 가지가지 생활 모습만을 알려고 보리심을 발한 것이 아니다. 일체 세계에 있는 모든 중생들의 생활 방편을 다 알기 위해서 보리심을 발한 것이다.

10) 중생들의 마음 이해와 초발심공덕

佛子야 復置此喩하고 假使有人이 於一念頃에

能知東方無數世界所有衆生의 種種差別心하며

廣說乃至此十方世界所有衆生의 種種差別心은

可知邊際이어니와 菩薩의 初發阿耨多羅三藐三菩提
心한 功德善根은 無有能得知其際者니라

"불자여, 이 비유 또한 그만두고, 가령 어떤 사람이 한 생각 동안에 동방의 무수한 세계에 있는 중생들의 갖가지로 차별한 마음을 능히 알며, 널리 말하여 내지 시방세계에 있는 중생의 갖가지로 차별한 마음 그 끝까지를 안다 하더라도, 보살이 처음으로 아뇩다라삼먁삼보리심을 내는 공덕과 선근은 그 끝까지를 알지 못하느니라."

다시 또 새로운 비유를 들어서 보살의 초발심공덕과 비교한다. 이번에는 중생들의 마음 이해다. 동방으로 무수한 세계에 있는 중생들 내지 시방세계에 있는 중생들의 가지가지 차별한 마음과 그 마음이 수시로 변하여 새로 일으키는 그 많고 많은 마음의 끝은 다 알 수 있다 하더라도 보살이 처음으로 보리심을 발한 마음의 공덕 선근은 그 끝을 다 알 수 없다고 하였다.

하이고 불자 보살 부제한 단위지이
何以故오 佛子야 菩薩이 不齊限하야 但爲知爾

소중생심고   발아뇩다라삼먁삼보리심   위
所衆生心故로 發阿耨多羅三藐三菩提心이라 爲

실지진법계허공계무변중생   종종심   내지
悉知盡法界虛空界無邊衆生의 種種心하며 乃至

욕진지일체심망고   발아뇩다라삼먁삼보리
欲盡知一切心網故로 發阿耨多羅三藐三菩提

심
心이니라

"무슨 까닭인가. 불자여, 보살이 분제를 나누고 한계를 지어서 다만 저러한 중생들의 마음을 알기 위해 아뇩다라삼먁삼보리심을 내는 것이 아니라, 온 법계 허공계의 끝없는 중생의 갖가지 마음을 모두 알기 위함이며, 내지 일체의 마음그물을 모두 알기 위해서 아뇩다라삼먁삼보리심을 내는 것이니라."

왜 마음그물인가. 마음과 마음이 그물처럼 서로서로 연결되어 짜여 있고 엮여 있기 때문이다. 중생의 생활 방편도 역시 그물과 같이 엮여 있고 짜여 있다. 그 모든 마음그물을 다 알기 위해서 보리심을 발한 것이다.

11) 중생들의 업 이해와 초발심공덕

佛子야 復置此喩하고 假使有人이 於一念頃에 能知東方無數世界所有衆生의 種種差別業하며 廣說乃至此十方衆生의 種種差別業은 可知邊際어니와 菩薩의 初發阿耨多羅三藐三菩提心한 善根邊際는 不可得知니라

"불자여, 이 비유 또한 그만두고, 가령 어떤 사람이 한 생각 동안에 동방의 무수한 세계에 있는 중생들의 갖가지로 차별한 업을 능히 알며, 널리 말하여 내지 시방 중생들의 갖가지로 차별한 업은 그 끝까지를 안다 하더라도, 보살이 처음으로 아뇩다라삼먁삼보리심을 내

는 선근은 그 끝까지를 알 수 없느니라."

다시 또 중생들의 업의 끝을 아는 것과 초발심공덕을 비교하였다. 중생들의 업의 힘은 불가사의하다고 하였다. 일상생활에서도 가만히 살펴보면 사람들의 업이나 기타 다른 생명들의 업은 참으로 불가사의하기 이를 데 없다. 그 많은 업을 어찌 다 알 수 있겠는가. 설사 가지가지 업의 차별을 안다 하더라도 보살의 보리심을 발한 선근 공덕은 끝을 알 수 없다.

하이고 불자 보살 부제한 단위지이
何以故오 佛子야 菩薩이 不齊限하야 但爲知爾

소중생업고 발아뇩다라삼먁삼보리심 욕
所衆生業故로 發阿耨多羅三藐三菩提心이라 欲

실지삼세일체중생업 내지욕실지일체업망
悉知三世一切衆生業하며 乃至欲悉知一切業網

고 발아뇩다라삼먁삼보리심
故로 發阿耨多羅三藐三菩提心이니라

"무슨 까닭인가. 불자여, 보살이 분제를 나누고 한계를 지어서 다만 저러한 중생들의 업을 알기 위하여 아뇩다라삼먁삼보리심을 내는 것이 아니라, 삼세 일체 중생의 업을 모두 알기 위하여, 내지 일체 업의 그물을 모두 알기 위한 연고로 아뇩다라삼먁삼보리심을 내는 것이니라."

보살이 발심하여 중생의 가지가지 업의 차별을 아는 것은 어느 정도라는 제한이나 한계가 있는 것이 아니다. 삼세 일체 중생의 업을 모두 알기 위하여, 내지 일체 업의 그물을 모두 알기 위해서 보리심을 발한 것이다. 업이야말로 서로서로 그물처럼 얽히고설켜서 세상을 짜 내고 있다.

12) 중생들의 번뇌 이해와 초발심공덕

佛子야 復置此喩하고 假使有人이 於一念頃에
불자 부치차유 가사유인 어일념경

能知東方無數世界所有衆生의 種種煩惱호대 念
念如是하야 盡阿僧祇劫하면 此諸煩惱種種差別을
無有能得知其邊際니

"불자여, 이 비유 또한 그만두고, 가령 어떤 사람이 한 생각 동안에 동방의 무수한 세계에 있는 중생들의 갖가지 번뇌를 알며, 생각 생각마다 이와 같이 하여 아승지겁이 다하도록 한다 하면, 이 모든 번뇌의 갖가지로 차별한 것은 그 끝을 능히 알 수가 없느니라."

화엄경에서 중생의 번뇌를 거론하는 것은 미혹한 중생의 입장에서 볼 때 반드시 필요하기 때문이다. 그러나 보다 적극적인 대승불교의 관점에서는 번뇌가 그대로 깨달음[煩惱卽菩提]이며, 생사의 세계가 그 자체로서 열반[生死卽涅槃]이라고 본다. 보살은 중생의 수준과 대승보살의 입장을 겸하고 있어서 번뇌를 장황하게 설하고 있다.

유제이인　어일념경　　능지전인아승지겁
有第二人이 **於一念頃**에 **能知前人阿僧祇劫**

소지중생번뇌차별　　여시부진아승지겁
所知衆生煩惱差別하야 **如是復盡阿僧祇劫**하며

차제광설　　내지제십　　남서북방　　사유상
次第廣說하야 **乃至第十**하고 **南西北方**과 **四維上**

하　　역부여시　　불자　차시방중생　　번뇌차
下도 **亦復如是**하면 **佛子**야 **此十方衆生**의 **煩惱差**

별　　가지변제　　　보살　초발아뇩다라삼먁삼
別은 **可知邊際**어니와 **菩薩**의 **初發阿耨多羅三藐三**

보리심　선근변제　　불가득지
菩提心한 **善根邊際**는 **不可得知**니라

　"또 둘째 사람이 한 생각 동안에 앞의 사람이 아승지 겁 동안에 아는 바 중생의 번뇌가 차별한 것을 능히 알고, 이와 같이 하여 다시 아승지겁이 다하도록 하며, 차례차례로 이와 같이 말하여 열째 사람에게 이르되, 남방 서방 북방과 네 간방과 상방 하방도 역시 이와 같이 한다고 하자. 불자여, 이 시방 중생의 번뇌가 차별한 것은 그 끝을 안다 하더라도, 보살이 처음으로 아뇩다라삼먁삼보리심을 내는 선근은 끝을 알지 못하느니라."

十七. 초발심공덕품 初發心·功德品

다시 또 중생들의 번뇌 이해와 초발심공덕을 비유를 들어 비교하였다. 보살이 중생을 교화하려면 무엇보다 중생들의 번뇌를 잘 알아야 할 것이다. 제도니 교화니 해탈이니 하는 것은 번뇌에서 벗어나는 길이다. 번뇌에서 벗어나려면 번뇌를 잘 알지 않으면 안 된다. 그러나 정작 밝히고자 하는 것은 보살의 보리심을 발한 공덕이다. 그래서 "시방 중생의 번뇌가 차별한 것은 그 끝을 안다 하더라도, 보살이 처음으로 아뇩다라삼먁삼보리심을 내는 선근은 끝을 알지 못하느니라."라고 하였다.

하이고 불자 보살 부제한 단위지이
何以故오 佛子야 菩薩이 不齊限하야 但爲知爾

소세계중생번뇌고 발아뇩다라삼먁삼보리
所世界衆生煩惱故로 發阿耨多羅三藐三菩提

심 위진지일체세계소유중생 번뇌차별고
心이라 爲盡知一切世界所有衆生의 煩惱差別故로

발아뇩다라삼먁삼보리심
發阿耨多羅三藐三菩提心이니

"무슨 까닭인가. 불자여, 보살이 분제를 나누고 한계를 지어서 다만 저러한 세계 중생의 번뇌만을 알기 위하여 아뇩다라삼먁삼보리심을 내는 것이 아니니라. 일체 세계에 있는 중생들의 번뇌가 차별한 것을 모두 알기 위하여 아뇩다라삼먁삼보리심을 내는 것이니라."

중생 교화를 위해서 중생의 번뇌를 알아야 하는데 다만 분제를 나누고 한계를 지어서 어디까지만 중생의 번뇌를 아는 것이 아니다. 보살은 중생들의 차별한 번뇌를 아는 데 끝이 없다. 만약 끝이 있으면 보살의 광대한 자비심이 아니다. 그래서 "일체 세계에 있는 중생들의 번뇌가 차별한 것을 모두 알기 위하여 아뇩다라삼먁삼보리심을 내는 것이니라."라고 하였다. 아래에는 중생들의 여러 가지 번뇌를 밝혔다.

소위 욕진지경번뇌　　중번뇌　　면번뇌　　기번
所謂欲盡知輕煩惱와 **重煩惱**와 **眠煩惱**와 **起煩**
뇌　　일일중생무량번뇌　　종종차별　　종종각
惱와 **一一衆生無量煩惱**의 **種種差別**하야 **種種覺**

觀으로 淨治一切諸雜染故며
_{관 정 치 일 체 제 잡 염 고}

"이른바 가벼운 번뇌, 무거운 번뇌, 잠자는 번뇌, 일어나는 번뇌와 낱낱 중생의 한량없는 번뇌의 갖가지 차별을 모두 알아서, 갖가지 각관覺觀으로 온갖 물든 것을 깨끗하게 다스리는 연고이니라."

보살이 보리심을 발하는 것은 중생들의 갖가지 번뇌를 모두 잘 알아서 깨끗하게 다스리려는 까닭이다. 번뇌란 번요뇌란煩擾惱亂을 줄인 말로서 중생에게는 흔히 8만4천의 번뇌가 있어서 그와 같은 번뇌를 다스리기 위한 설법을 곧 8만4천 법문이라고 한다. 크게 나누면 가벼운 번뇌와 무거운 번뇌와 잠자는 번뇌와 일어나는 번뇌인데, 잠자는 번뇌는 우리들 의식 속에 잠재되어 있다가 조건이 되면 작용하므로 종자번뇌, 즉 무거운 번뇌이고, 일어나는 번뇌는 지금 이 순간에 활동하고 있는 번뇌 즉 현행現行 번뇌이므로 가벼운 번뇌가 된다. 이 외에도 무거운 번뇌와 가벼운 번뇌를 나누는 길은 여러 가지가 있다. 번거로워서 생략한다.

욕 진 지 의 무 명 번 뇌　　애 상 응 번 뇌　　　단 일 체
欲盡知依無明煩惱와 **愛相應煩惱**하야 **斷一切**

제 유 취 번 뇌 결 고
諸有趣煩惱結故며

"또 무명을 의지한 번뇌와 애愛와 서로 응하는 번뇌를 모두 알아서 일체 제유취諸有趣의 번뇌 결박을 끊으려는 연고이니라."

또 보살이 보리심을 발하는 것은 근본무명을 의지해서 존재하는 번뇌와 갈애, 애착 등과 상응하는 번뇌를 모두 다 알아서 일체 중생의 종류를 따라 달리 있는 모든 번뇌의 결박을 끊으려는 까닭이다. 보리심을 발한 보살이 어떤 번뇌를 남겨 두겠는가. 제유취諸有趣란 욕계, 색계, 무색계의 삼유三有와 지옥, 아귀, 축생, 인도, 천도의 오취五趣를 말한다. 또 번뇌의 결박이란 욕계의 욕欲의 결박과 색계와 무색계의 유有의 결박과 삼계무명의 무명 결박이다.

욕진지탐분번뇌   진분번뇌   치분번뇌   등
欲盡知貪分煩惱와 **瞋分煩惱**와 **癡分煩惱**와 **等**

분번뇌   단일체번뇌근본고
分煩惱하야 **斷一切煩惱根本故**며

"또 탐하는 성품[貪分]의 번뇌와 성내는 성품의 번뇌와 어리석은 성품의 번뇌와 평등한 성품[等分]의 번뇌를 모두 알아서 일체 번뇌의 근본을 끊으려는 연고이니라."

번뇌의 근본이라고 할 수 있는 탐·진·치 삼독 번뇌를 성품으로 가지고 있는 번뇌를 말하며, 등분等分 번뇌란 탐·진·치 삼독 번뇌를 골고루 평등하게 성품에 가지고 있다는 뜻이다. 이와 같은 번뇌를 철저히 잘 알아서 일체 번뇌의 근본을 끊기 위하여 보리심을 발한 것이다. 수많은 번뇌 중에 삼독이 번뇌의 근본이다. 인생의 온갖 고통과 문제들은 모두 삼독으로 말미암아 발생한다.

욕실지아번뇌   아소번뇌   아만번뇌   각
欲悉知我煩惱와 **我所煩惱**와 **我慢煩惱**하야 **覺**

오 일 체 번 뇌　　　진 무 여 고
悟一切煩惱하야 **盡無餘故**며

"또 '나'라는 번뇌와 '내 것'이라는 번뇌와 아만의 번뇌를 모두 알아서 일체의 번뇌를 깨닫고 남음이 없게 하려는 연고이니라."

나와 나의 것과 아만의 마음은 자신을 고통으로 이끌고 가는 근본이 된다. 나란 본래 실재하지 않는 무아無我이거늘 나를 인정하고 나의 소유를 인정하고 아만까지 내세워 스스로 잘난 체하고 남을 업신여기는 경지까지 이르러 삶을 어려운 길로 이끌고 가게 된다. 보살은 무아를 깨달아 일체 번뇌의 근본을 철저히 없애기 위해서 보리심을 발한 것이다.

욕 실 지 종 전 도 분 별 생 근 본 번 뇌　　수 번 뇌
欲悉知從顚倒分別生根本煩惱와 **隨煩惱**와

인 신 견 생 육 십 이 견　　　조 복 일 체 번 뇌 고
因身見生六十二見하야 **調伏一切煩惱故**며

"또 뒤바뀐 분별로부터 근본번뇌와 수번뇌隨煩惱가 생

기고, 몸이라는 소견으로 인하여 62견見이 생기는 것을 모두 알아서 일체 번뇌를 조복하려는 연고이니라."

근본번뇌란 모든 번뇌의 근본이 되는 탐貪·진瞋·치癡·만慢·의疑·악견惡見을 말한다. 악견에는 다시 몸과 마음에 실체적인 자아가 있다고 집착하는 것과, 모든 것을 나의 것이라고 집착하는 견해인 신견身見과, 자아를 비롯한 모든 것은 단멸한다거나 영원히 존속한다고 보는 극단적인 견해인 변집견邊執見과, 원인과 결과의 도리를 인정하지 않는 그릇된 견해인 사견邪見과, 자기의 견해가 으뜸이라고 생각하는 견해인 견취견見取見과, 불교에서 인정하지 않는 외도外道의 계율이나 관습을 생천生天의 원인이나 해탈의 방도로 생각하는 견해인 계금취견戒禁取見이 있다.

수번뇌隨煩惱란 근본번뇌인 탐·진·치에 수반하여 일어나는 온갖 번뇌를 말한다. 20가지가 있다.

① 분忿 : 몸이나 뜻에 맞지 않는 것에 대해 화를 내는 것.
② 한恨 : 화난 일을 마음에 두고 잊지 못하는 것.
③ 부覆 : 자기가 지은 죄를 덮어 숨기는 것.

④ 뇌惱 : 지난날에 분하게 여기던 것을 돌이켜 생각하거나 오늘날 사물이 자기 마음에 맞지 않는 것에 대해 괴로워하는 것.

⑤ 간慳 : 아끼기만 하고 베풀지 못하는 것. 간慳에는 재물을 아끼고 나누어 주지 않은 재간財慳과 가르침을 아끼고 베풀지 않는 법간法慳이 있다.

⑥ 질嫉 : 다른 사람이 잘되는 것을 좋아하지 않는 것.

⑦ 광誑 : 남을 속여 명예와 이익을 얻으려고 덕 없는 사람이 덕 있는 체하며 악한 사람이 선한 체하는 것.

⑧ 첨諂 : 속마음을 숨기고 겉으로만 친한 척 구는 것.

⑨ 해害 : 남을 해치며 꾸짖는 것.

⑩ 교憍 : 남을 고려하지 않고 자신의 신분, 재물, 지위, 지혜 따위에만 집착하여 오만하게 구는 것.

⑪ 무참無慚 : 죄를 범하면서도 반성하거나 부끄러운 마음을 내지 않는 것.

⑫ 무괴無愧 : 남을 고려하지 않고 마음대로 악한 짓을 하면서도 조금도 부끄러운 마음이 없는 것.

⑬ 도거掉擧 : 정신이 들떠서 마음이 이리저리 달아나는

것.

⑭ 혼침昏沈 : 어둡고 답답한 마음.

⑮ 불신不信 : 고요하지 못한 마음.

⑯ 해태懈怠 : 좋은 일을 당하여서도 게을러서 용감하지 못한 마음.

⑰ 방일放逸 : 마땅히 해야 할 일에 뜻을 두지 않고 방탕하고 함부로 하는 마음.

⑱ 실념失念 : 사물이나 일을 분명히 기억하지 못하거나 좋은 일을 밝게 기억하지 못하면서 나쁜 일은 기억하는 마음.

⑲ 산란散亂 : 대하는 경계가 변하여 마음이 고정되지 못하고 어지러운 것.

⑳ 부정지不正知 : 보는 바 경계에 대하여 잘못 알고 잘못된 견해를 일으키는 것.

또 62견見이란 초기불교 경전 등에서 외도外道의 모든 견해 또는 사상을 62종으로 분류한 것을 말한다. '62가지 모든 (외도의) 견해'라는 뜻에서 62제견六十二諸見이라고도 불리며, 간단히 줄여서 62六十二라고도 한다. 장아함경과 범동경

梵動經과 불설범망육십이견경佛說梵網六十二見經에서 부처님은 외도의 견해로는 총 62가지가 있다고 설하고 있다. 일일이 열거하는 것은 번거로워서 생략한다.

욕실지개번뇌　　장번뇌　　　발대비구호심
欲悉知蓋煩惱와 **障煩惱**하야 **發大悲救護心**하고

단일체번뇌망　　영일체지성청정고　　발아뇩
斷一切煩惱網하야 **令一切智性淸淨故**로 **發阿耨**

다라삼먁삼보리심
多羅三藐三菩提心이니라

"또 덮는[蓋] 번뇌와 막는[障] 번뇌를 알아서 큰 자비로 구호하려는 마음을 내어 일체 번뇌의 그물을 끊고, 온갖 지혜로 하여금 청정케 하려는 연고로 아뇩다라삼먁삼보리심을 내는 것이니라."

덮는[蓋] 번뇌에는 다섯 가지[五蓋]가 있고 막는[障] 번뇌에는 두 가지[二障]가 있다. 덮는 번뇌는 심성을 가려 선법善法을 할 수 없게 하는 다섯 가지 번뇌로서 탐욕개貪慾蓋, 진에개瞋

患蓋, 수면개睡眠蓋, 도회개掉悔蓋, 의법개疑法蓋가 있다.

막는[障] 번뇌는 진리를 깨치고자 하는 데 방해되는 두 가지의 장애로서 보통 마음을 괴롭히는 장애나 욕망인 내장內障과 외부로부터의 방해인 외장外障을 이른다. 유식론에서는 마음을 어지럽히는 번뇌장煩惱障과 진리를 감추고 있는 소지장所知障을 말하고, 구사론에서는 번뇌장과 해탈을 방해하는 해탈장解脫障을 말하고, 원각경에서는 이장理障과 사장事障을 말하고, 금강반야바라밀경에서는 번뇌장과 삼매장三昧障을 이른다.

보살은 이와 같은 모든 번뇌를 철저히 알아서 일체 번뇌의 그물을 다 끊고 일체 지혜의 성품을 청정하게 하려고 보리심을 발한 것이다. 초발심의 공능이란 이와 같이 위대하다.

13) 공양 공덕과 초발심공덕

佛子야 復置此喩하고 假使有人이 於一念頃에
불자 부치차유 가사유인 어일념경

이제종종상미음식 향화의복 당번산개 급
以諸種種上味飲食과 **香華衣服**과 **幢幡傘蓋**와 **及**

승가람상묘궁전   보장망만   종종장엄사자
僧伽藍上妙宮殿과 **寶帳網幔**과 **種種莊嚴獅子**

지좌 급중묘보   공양동방무수제불   급무수
之座와 **及衆妙寶**로 **供養東方無數諸佛**과 **及無數**

세계소유중생   공경존중   예배찬탄   곡
世界所有衆生하야 **恭敬尊重**하고 **禮拜讚歎**하고 **曲**

궁첨앙   상속부절   경무수겁
躬瞻仰호대 **相續不絶**하야 **經無數劫**하며

"불자여, 이 비유 또한 그만두고, 가령 어떤 사람이 한 생각 동안에 갖가지 맛좋은 음식과 향, 꽃, 의복, 당기, 깃발, 일산과 절과 훌륭한 궁전, 보배휘장그물과 갖가지로 장엄한 사자좌와 여러 가지 보배로써 동방의 무수한 부처님과 또 무수한 세계에 있는 중생들에게 공양하고, 공경하고, 존중하고, 예배하고, 찬탄하며, 몸을 굽혀 우러르기를 서로 계속하여 무수한 겁을 지내며,

우권피중생 실령여시공양어불 지불
又勸彼衆生하야 悉令如是供養於佛하고 至佛

멸후 각위기탑 기탑 고광 무수세계중
滅後에 各爲起塔호대 其塔이 高廣하야 無數世界衆

보소성 종종장엄 일일탑중 각유무수
寶所成으로 種種莊嚴하고 一一塔中에 各有無數

여래형상 광명변조무수세계 경무수겁
如來形像이 光明徧照無數世界하야 經無數劫하며

남서북방 사유상하 역부여시 불자 어
南西北方과 四維上下도 亦復如是하면 佛子야 於

여의운하 차인공덕 영위다부 천제 언
汝意云何오 此人功德이 寧爲多不아 天帝가 言하사대

시인공덕 유불내지 여무능측
是人功德은 唯佛乃知요 餘無能測이니이다

  또 저 중생들에게 권하여 모두 이와 같이 부처님께 공양케 하고, 부처님이 열반한 뒤에는 각각 탑을 세우되, 그 탑이 높고 크고, 무수한 세계의 여러 보배로 이루어 갖가지로 장엄하였으며, 낱낱 탑 가운데 각각 무수한 여래의 형상을 모시고, 광명이 무수한 세계에 두루 비치게 하며, 이렇게 수없는 겁을 지내었고, 남방 서방 북방과 네 간방과 상방 하방도 역시 이와 같이 하였다면, 불자여, 그대의 뜻으로는 어떻게 생각하는가, 이 사람의 공덕이 많겠는가?"

제석천왕이 대답하였습니다. "이 사람의 공덕은 오직 부처님만이 아실 것이요, 다른 이는 헤아릴 수 없겠습니다."

온갖 헤아릴 수 없는 공양거리로 부처님과 중생에게 공양하고 공경, 존중, 예배, 찬탄하는 공덕과 보살의 초발심공덕을 비유를 들어 비교하였다. 또 부처님이 열반하신 뒤에 아름답고 큰 불탑을 세우는 공덕도 비유를 들었다. 모두 훌륭한 일이며 대단히 큰 공덕이지만 보살의 초발심공덕과는 비교할 수 없다.

무수한 부처님과 또 무수한 세계에 있는 중생들에게 공양하고, 공경하고, 존중하고, 예배하고, 찬탄하는 것을 함께 들어서 말한 것은 부처님과 중생이 둘이 아니며 다 함께 똑같이 받들어 섬겨야 할 대상임을 밝힌 것이다. "마음과 부처와 중생, 이 셋은 차별이 없다."라는 가르침이 화엄경을 푸는 열쇠라고 하였으나 이는 비단 화엄경만 푸는 것이 아니라 세상의 모든 문제와 인간 관계를 다 푸는 만능 열쇠다.

佛子야 此人功德을 比菩薩初發心功德컨댄 百分에 不及一이며 千分에 不及一이며 百千分에 不及一이며 乃至優波尼沙陀分에 亦不及一이니라

"불자여, 이 사람의 공덕을 보살이 처음으로 발심한 공덕에 비교하면 백 분의 일에도 미치지 못하며 천 분의 일에도 미치지 못하며 백천 분의 일에도 미치지 못하며 내지 우파니사타 분의 일에도 미치지 못하느니라."

설사 부처님과 중생을 함께 보고 함께 받들어 섬기고 공양, 공경, 존중, 찬탄하더라도 그 공덕은 보살의 초발심공덕에 비교하면 무수 억만 분의 일에도 미치지 못한다고 하였다. 모든 세상사나 불사는 일체가 처음 발심한 것으로부터 시작되기 때문이다. 2천6백여 년의 모든 불교적 업적도 세

존의 첫 발심으로 말미암은 것이고, 수백만 명이 동참하는 봉사단체도 한 사람의 처음 마음에서 출발하였다. 작게는 한 회사, 한 가정, 한 사람의 성공도 한 사람의 첫 마음에서 출발한 것이다.

14) 열 번째 사람의 공양과 초발심공덕

佛子야 復置此喩하고 假使復有第二人이 於一念中에 能作前人과 及無數世界所有衆生의 無數劫中供養之事호대 念念如是하야 以無量種供養之具로 供養無量諸佛如來와 及無量世界所有衆生호대 經無量劫하며

"불자여, 이 비유 또한 그만두고, 가령 둘째 사람이 한 생각 동안에 앞의 사람과 무수한 세계에 있는 중생

들이 무수한 겁 동안에 공양하던 일을 능히 지으며, 생각 생각마다 이와 같이 한량없는 갖가지의 공양거리로써 한량없는 부처님 여래와 한량없는 세계에 있는 중생들에게 공양하며 한량없는 겁을 지내었다고 하자."

그동안 그토록 여러 가지의 많은 비유를 들어 초발심공덕과 비교하였다. 다시 또 예를 들어 비교한다. 초발심공덕을 깊이 생각해 보면 미래제가 다할 때까지 그 공덕을 설하더라도 끝나지 않을 것이기 때문이다. 초발심이란 모든 일의 원인이요 씨앗이다. 무엇으로 비교하겠는가. 앞에서 밝힌 공양 공덕을 더욱 부연하는 비유로써 비교하였다.

其第三人과 乃至第十人도 皆亦如是하야 於一念中에 能作前人의 所有供養호대 念念如是하야 以無邊無等不可數不可稱不可思不可量不可說

불가설불가설공양지구 공양무변내지불가
不可說不可說供養之具로 **供養無邊乃至不可**

설불가설제불 급이허세계소유중생 경무
說不可說諸佛과 **及爾許世界所有眾生**호대 **經無**

변내지불가설불가설겁 지불멸후 각위기
邊乃至不可說不可說劫하고 **至佛滅後**에 **各爲起**

탑 기탑고광 내지주겁 역부여시
塔호대 **其塔高廣**과 **乃至住劫**도 **亦復如是**하니라

"셋째 사람도 내지 열째 사람도 모두 이와 같이 하여 한 생각 동안에 앞의 사람이 공양하던 일을 능히 지으며, 생각 생각마다 이와 같이 하여 끝없고, 같을 이 없고, 셀 수 없고, 일컬을 수 없고, 생각할 수 없고, 요량할 수 없고, 말할 수 없고, 말할 수 없이 말할 수 없는 공양거리로써 끝없고 내지 말할 수 없이 말할 수 없는 부처님과 그러한 세계에 있는 중생들에게 공양하기를 끝없고 내지 말할 수 없이 말할 수 없는 겁을 지나도록 하였으며, 부처님이 열반하신 뒤에는 각각 탑을 조성하는데 그 탑이 높고 크며 내지 여러 겁 동안 머무는 것도 또한 이와 같았느니라."

佛子야 此前功德을 比菩薩初發心功德컨댄 百
分에 不及一이며 千分에 不及一이며 百千分에 不及
一이며 乃至優波尼沙陀分에 亦不及一이니라

"불자여, 이 사람들의 공덕을 보살이 처음 발심한 공덕에 비교하면, 백 분의 일에도 미치지 못하며 천 분의 일에도 미치지 못하며 백천 분의 일에도 미치지 못하며 내지 우파니사타 분의 일에도 미치지 못하느니라."

세존 부처님과 사람 부처님과 일체 생명 부처님과 두두물물 부처님께 아무리 훌륭한 공양거리로써 오래오래 공양한다 하더라도 그 공덕은 보살의 초발심공덕에는 백 분의 일, 천 분의 일, 만 분의 일, 십만 분의 일, 백만 분의 일, 천만 분의 일, 억만 분의 일에도 미치지 못한다.

何以故오 佛子야 菩薩摩訶薩이 不齊限하야 但
爲供養爾所佛故로 發阿耨多羅三藐三菩提心이라
爲供養盡法界虛空界不可說不可說十方無量
去來現在所有諸佛故로 發阿耨多羅三藐三菩
提心이니라

"무슨 까닭인가. 불자여, 보살마하살이 분제를 나누고 한계를 지어서 다만 저러한 부처님께 공양하기 위하여 아뇩다라삼먁삼보리심을 내는 것이 아니라, 온 법계 허공계의 말할 수 없이 말할 수 없는 시방에 계시는 한량없는 과거 미래 현재의 모든 부처님께 공양하기 위한 연고로 아뇩다라삼먁삼보리심을 내었느니라."

다른 공덕과 초발심공덕을 비교할 수 없는 까닭을 밝혔다. 보살은 앞에서 밝힌 그와 같은 공양만을 위해서 초발심한 것이 아니다. 온 법계 허공계의 말할 수 없이 말할 수 없는 시방에 계시는 한량없는 과거 미래 현재의 모든 부처님께 공양하기 위한 연고로 아뇩다라삼먁삼보리심을 내었기 때문이다.

15) 초발심으로 아는 능력

발 시 심 이 능 지 전 제 일 체 제 불 시 성 정 각
發是心已에 **能知前際一切諸佛**의 **始成正覺**과

급 반 열 반 능 신 후 제 일 체 제 불 소 유 선 근
及般涅槃하며 **能信後際一切諸佛**의 **所有善根**하며

능 지 현 재 일 체 제 불 소 유 지 혜
能知現在一切諸佛의 **所有智慧**하나니라

"이런 마음을 내고는 앞세상의 모든 부처님이 정각을 이루시는 것과 열반에 드시는 것을 능히 알며, 뒷세상의 모든 부처님이 가지실 선근을 능히 믿으며, 현재의 모든 부처님이 가지신 지혜를 능히 아느니라."

보살이 처음 발심을 하고 나면 과거 모든 부처님의 근본이며 재산이며 살림살이인 시성정각과 참다운 열반의 경지가 무엇인지를 능히 다 안다. 미래의 모든 부처님의 선근을 능히 믿으며, 현재 모든 부처님의 지혜를 다 안다. 즉 보살이 처음 발심만 하면 곧 삼세 모든 부처님과 동등한 지위에 이르게 된다는 뜻이다. 그래서 자나 깨나 "초발심시변정각初發心時便正覺"이라고 노래 부른다.

16) 광대한 마음의 공덕

(1) 이해와 실천이 원만함

彼諸佛所有功德을 此菩薩이 能信하며 能受하며 能修하며 能得하며 能知하며 能證하며 能成就하야 能與諸佛로 平等一性이니

"저 부처님들이 소유하신 공덕을 이 보살이 능히 믿

고, 능히 받고, 능히 닦고, 능히 얻고, 능히 알고, 능히 증득하고, 능히 성취하여 여러 부처님과 더불어 평등한 한 성품이 되느니라."

처음 발심한 보살의 광대한 마음의 공덕이 얼마나 위대한가를 아래에 길게 설명한다. 처음 발심한 보살은 부처님의 모든 공덕을 믿고 받고 닦고 얻고 알고 증득하고 성취하여 모든 부처님과 본래로 평등한 한 성품임을 느끼고 활용한다. 그것이 이해와 실천이 원만한 모습이다. 보통 평범한 사람도 근본은 여래와 같으나 철저한 믿음이 부족하고 이해와 실천이 부족할 뿐이다.

何以故_오 此菩薩_이 爲不斷一切如來種性故_로 發心_{이며} 爲充徧一切世界故_로 發心_{이며} 爲度脫一切世界衆生故_로 發心_{이며} 爲悉知一切世界成壞

故로 發心이며 爲悉知一切衆生垢淨故로 發心이며

"무슨 까닭인가. 이 보살이 일체 여래의 종성種性을 끊지 않으려고 발심하며, 일체 세계에 가득하려고 발심하며, 일체 세계의 중생을 제도하여 해탈케 하려고 발심하며, 일체 세계의 이루고 무너짐을 모두 알려고 발심하며, 일체 중생의 때묻고 깨끗함을 모두 알려고 발심하느니라."

초발심한 보살이 곧 여래와 평등한 한 성품이 되는 까닭을 밝혔다. 발심한 보살은 여래의 종성을 이어갈 사람이다. 그 원력이 일체 세계에 충만할 사람이다. 일체 세계의 중생들을 모두 제도할 사람이다. 또 일체 세계의 성주괴공을 다 알 사람이다. 일체 중생의 때묻고 깨끗함을 다 알 사람이다. 그와 같은 목적을 달성하기 위해서 발심한다.

爲悉知一切世界三有淸淨故로 發心이며 爲悉

知一切衆生心樂煩惱習氣故로 發心이며 爲悉知
一切衆生死此生彼故로 發心이며 爲悉知一切衆
生諸根方便故로 發心이며 爲悉知一切衆生心行
故로 發心이며 爲悉知一切衆生三世智故로 發心이니라

 "일체 세계의 삼유三有가 청정함을 모두 알려고 발심하며, 일체 중생의 욕락欲樂과 번뇌와 습기를 모두 알려고 발심하며, 일체 중생이 여기서 죽어 저기서 태어나는 것을 모두 알려고 발심하며, 일체 중생의 모든 근성과 방편을 모두 알려고 발심하며, 일체 중생의 마음의 행을 모두 알려고 발심하며, 일체 중생의 삼세 지혜를 모두 알려고 발심하느니라."

 진정으로 발심한 보살은 이 세상 중생들을 모두 다 교화하고 제도해야 할 의무를 가졌으므로 일체 중생에 대한 온갖 사실을 다 알아야 한다. 중생에 대한 사실들을 알지 못하고는 중생을 제도할 수 없기 때문이다.

(2) 발심과 묘과妙果

以發心故로 常爲三世一切諸佛之所憶念하며 當得三世一切諸佛의 無上菩提하며 卽爲三世一切諸佛이 與其妙法하며 卽與三世一切諸佛로 體性平等하며 已修三世一切諸佛의 助道之法하며 成就三世一切諸佛의 力無所畏하며 莊嚴三世一切諸佛의 不共佛法하며 悉得法界一切諸佛의 說法智慧니 何以故오 以是發心으로 當得佛故니라

"발심하였으므로 항상 삼세 일체 부처님의 생각하심이 되며, 삼세 일체 부처님의 위없는 보리를 얻을 것이

며, 삼세 일체 부처님이 묘한 법을 주실 것이며, 삼세 일체 부처님과 더불어 성품이 평등하며, 삼세 일체 부처님의 도道를 돕는 법을 이미 닦았으며, 삼세 일체 부처님의 힘과 두려움 없음을 성취하며, 삼세 일체 부처님의 함께 하지 않는 불법을 장엄하며, 법계의 일체 부처님의 설법 하시는 지혜를 모두 얻을 것이니, 왜냐하면 이렇게 발심 함으로써 마땅히 부처가 될 것이기 때문이니라."

발심의 의미 속에는 정각을 이룬 부처님의 능력과 자비와 원력과 설법하는 능력이 다 포함되어 있다. 그래서 수차에 걸쳐서 처음 발심함으로 정각을 이룬다는 것을 철저하고 분명하게 증명한 것이다.

(3) 불과佛果가 동등하다

應知此人은 卽與三世諸佛同等이며 卽與三世諸佛如來境界平等이며 卽與三世諸佛如來功德

平等이며 得如來一身無量身이 究竟平等한 眞實
智慧니라

"응당히 알아야 하느니라. 이 사람은 곧 삼세 모든 부처님과 동등하리니, 삼세 모든 부처님 여래의 경계와 평등하며, 삼세 모든 부처님 여래의 공덕과 평등하며, 여래의 한 몸과 여러 몸이 끝까지 평등하고 진실한 지혜를 얻을 것이니라."

처음 발심한 보살의 경지는 과거 현재 미래의 부처님과 그 결과가 동등하다. 이 사실을 반드시 알아야 한다. 경계가 평등하고 공덕이 평등하고 구경에 평등한 진실 지혜도 얻게 된다.

(4) 능히 불사佛事를 짓다

纔發心時에 卽爲十方一切諸佛의 所共稱歎하며

즉능설법 교화조복일체세계소유중생
卽能說法하야 教化調伏一切世界所有衆生하며

즉능진동일체세계 즉능광조일체세계
卽能震動一切世界하며 卽能光照一切世界하며

즉능식멸일체세계제악도고 즉능엄정일체
卽能息滅一切世界諸惡道苦하며 卽能嚴淨一切

국토 즉능어일체세계중 시현성불 즉능
國土하며 卽能於一切世界中에 示現成佛하며 卽能

영일체중생 개득환희 즉능입일체법계
令一切衆生으로 皆得歡喜하며 卽能入一切法界

성 즉능지일체불종성 즉능득일체불지
性하며 卽能持一切佛種性하며 卽能得一切佛智

혜광명
慧光明이니라

"바로 지금 막 발심하였을 때에 곧 시방 모든 부처님의 함께 칭찬함이 될 것이며, 곧 능히 법을 설하여 일체 세계에 있는 중생들을 교화하고 조복할 것이며, 곧 능히 일체 세계를 진동할 것이며, 곧 능히 일체 세계를 광명으로 비출 것이며, 곧 능히 일체 세계에서 나쁜 갈래의 고통을 소멸할 것이며, 곧 능히 일체 국토를 깨끗이 장엄할 것이며, 곧 능히 일체 세계에서 성불成佛함을 보일 것이며, 곧 능히 일체 중생으로 하여금 환희하게 할 것이며, 곧 능히 일체 법계의 성품에 들어갈 것이며, 곧 능히 일체 부처님의 종성種性을 지닐 것이며, 곧 능히 일체 부처님의 지혜 광명을 얻을 것이니라."

처음 발심하자마자 불사를 짓는 것이 부처님과 같아서 시방 일체 부처님이 함께 칭찬하게 되고, 일체 세계 중생들을 교화하고 조복하는 것이 부처님과 꼭 같다. 일체 세계를 진동하며 광명을 환하게 비추게 된다. 심지어 능히 일체 세계에서 성불成佛함을 보일 수 있다. 초발심보살이 짓는 불사가 이와 같아서 부처님과 조금도 다른 점이 없다. 그러므로 발심한 사람은 곧 부처님이며, 부처님은 곧 처음 발심한 사람이다.

(5) 큰 지혜가 앞에 나타나다

차 초발심보살　　불어삼세　　소유소득　　소
此初發心菩薩이 **不於三世**에 **小有所得**이니 **所**

謂若諸佛과 若諸佛法과 若菩薩과 若菩薩法과 若
獨覺과 若獨覺法과 若聲聞과 若聲聞法과 若世間과
若世間法과 若出世間과 若出世間法과 若衆生과
若衆生法에 唯求一切智일새 於諸法界에 心無所
着이니라

"처음 발심한 보살은 삼세에 대하여 조금도 얻은 바가 없나니, 이른바 부처님이나 부처님 법이나 보살이나 보살법이나 독각獨覺이나 독각법이나 성문聲聞이나 성문법이나 세간世間이나 세간법이나 출세간이나 출세간법이나 중생이나 중생의 법이니라. 오직 일체를 아는 지혜를 구할 뿐이므로 모든 법계에 마음이 집착하지 않느니라."

처음 발심한 보살의 마음의 공덕이 앞에서 설명한 바와 같이 그토록 위대하다고 하면서 "처음 발심한 보살은 삼세에 대하여 조금도 얻은 바가 없다."라고 한 것은 무슨 뜻인가? 부처님의 법에서나 보살의 법에서나 독각의 법에서나 성문의 법에서나 세간의 법에서나 출세간의 법에서나 심지어 중생의 법에서까지 오직 일체 지혜를 구할 뿐 모든 법계에 대해서 마음에 집착하는 바가 없기 때문이다. 일체 지혜를 얻은 사람에게 무슨 작은 법이라도 얻은 바가 있겠는가. 얻은 바가 없는 것이 진실한 불법이다.

그래서 반야심경에서도 "얻은 바가 없기 때문에 보살은 반야바라밀다를 의지하므로 마음에 걸림이 없고, 걸림이 없으므로 두려움이 없어서 뒤바뀐 헛된 생각을 아주 떠나 완전한 열반에 들어가며, 과거 현재 미래의 모든 부처님도 이 반야바라밀다를 의지하므로 아뇩다라삼먁삼보리를 얻느니라."[3]라고 하였다.

---

[3] 以無所得故 菩提薩埵 依般若波羅蜜多故 心無罣碍 無罣碍故 無有恐怖 遠離顚倒夢想 究竟涅槃 三世諸佛 依般若波羅蜜多故 得阿耨多羅三藐三菩提.

3. 시방세계가 진동하고 공양을 일으키다

爾_이時_시에 佛_불神_신力_력故_고로 十_시方_방各_각一_일萬_만佛_불刹_찰微_미塵_진數_수

世_세界_계가 六_육種_종震_진動_동하니 所_소謂_위動_동과 徧_변動_동과 等_등徧_변動_동과

起_기와 徧_변起_기와 等_등徧_변起_기와 踊_용과 徧_변踊_용과 等_등徧_변踊_용과 震_진과

徧_변震_진과 等_등徧_변震_진과 吼_후와 徧_변吼_후와 等_등徧_변吼_후와 擊_격과 徧_변擊_격과

等_등徧_변擊_격이요

이때에 부처님의 신통한 힘으로 시방의 각각 일만 부처님 세계의 티끌 수 같은 세계가 여섯 가지로 진동하니, 이른바 흔들흔들하며 두루 흔들흔들하며 온통 두루 흔들흔들하며, 들먹들먹하며 두루 들먹들먹하며 온

통 두루 들먹들먹하며, 울쑥불쑥하며 두루 울쑥불쑥하며 온통 두루 울쑥불쑥하며, 우르르하며 두루 우르르하며 온통 두루 우르르하며, 와르릉하며 두루 와르릉하며 온통 두루 와르릉하며, 와지끈하며 두루 와지끈하며 온통 두루 와지끈하는 것이었습니다.

초발심의 공덕이라는 참으로 어마어마한 내용을 다 설하자 시방으로 각각 일만 불찰 미진수 세계가 크게 진동하였다고 하였다. 그것은 즉 상서를 보인 것이다. 진동은 6종 18상이다. 6근과 6경과 6식이라는 사람의 삶의 전 영역에 큰 충격과 감동과 환희가 있었음을 밝힌 것이다. 경전에서는 아주 특별한 법문이 설해지고 나면 이와 같은 현상을 보였다고 설한다. 그런 의미에서 볼 때 초발심공덕품은 매우 중요하고 특별한 경전임을 알 수 있다.

우중천화   천향   천말향   천화만   천의   천
雨衆天華와 天香과 天末香과 天華鬘과 天衣와 天

寶와 天莊嚴具하며 作天妓樂하며 放天光明과 及天音聲하니라

또 여러 가지 하늘꽃과, 하늘향과, 하늘가루향과, 하늘화만華鬘과, 하늘옷과, 하늘보배와, 하늘장엄거리를 비 내리듯 하며, 하늘풍류를 연주하고, 하늘광명을 놓으며, 하늘음성을 내었습니다.

시방세계가 진동하는 상서를 보이고 나서 여러 가지 공양을 올리는 내용이다. 경전에서 훌륭한 공양거리는 언제나 하늘의 것이라고 한다. 그것은 최고급이며, 요즘말로 하자면 초특급 명품이라는 뜻이다. 하늘의 꽃과 향과 옷과 보배와 장엄거리와 풍류와 광명과 음성들이다.

4. 시방의 부처님이 증명하다

是_시時_시에 十_시方_방各_각過_과十_십佛_불刹_찰微_미塵_진數_수世_세界_계外_외하야 有_유

萬_만佛_불刹_찰微_미塵_진數_수佛_불하시니 同_동名_명法_법慧_혜라 各_각現_현其_기身_신하사

在_재法_법慧_혜菩_보薩_살前_전하야 作_작如_여是_시言_언하사대 善_선哉_재善_선哉_재라 法_법

慧_혜여 汝_여於_어今_금者_자에 能_능說_설此_차法_법하나니 我_아等_등十_시方_방各_각萬_만佛_불

刹_찰微_미塵_진數_수佛_불도 亦_역說_설是_시法_법이며 一_일切_체諸_제佛_불도 悉_실如_여是_시

說_설하시니라

이때에 시방으로 각각 열 부처님 세계의 미진수 세계 밖을 지나서 일만 부처님 세계의 미진수 부처님이 계시니, 명호가 같아서 모두 법혜法慧부처님이었습니다.

각각 법혜보살 앞에 몸을 나타내고 이와 같이 말씀하였습니다. "잘 하는 일입니다, 법혜보살이여. 그대가 지금 이 법을 능히 설하나니, 시방의 각각 일만 부처님 세계의 미진수 같은 우리들 부처님들도 또한 이 법을 설하며, 일체 모든 부처님들도 다 이와 같이 설하십니다."

이곳 우리가 사는 사바세계 외에 또다시 무수 억만 세계가 있고 그 세계마다 모두 부처님이 계시는데, 그 부처님들의 이름은 이곳 부처님의 이름과 같이 법혜부처님이시다. 그 부처님들도 다 같이 그곳의 법혜보살 앞에서 역시 초발심공덕에 대해서 설법하는 것을 찬탄하고 증명하였다. "시방의 각각 일만 부처님 세계의 미진수 같은 우리들 부처님들도 또한 이 법을 설하며, 일체 모든 부처님들도 다 이와 같이 설하십니다."라고 하였다.

예컨대 한 송이 꽃이 피는 것을 보고 천하에 봄이 왔음을 알고, 뜰 앞의 오동잎이 한 잎 지는 것을 보고 천하에 가을이 왔음을 아는 정도가 아니라, 한 사람이 법을 듣고 환희하면 3600조의 세포가 다 함께 환희하고 한 사람이 절망하여 슬퍼하면 3600조의 세포가 다 함께 절망하여 슬퍼하듯이,

한 사람으로부터 작은 세포에 이르며, 한 사람으로부터 수백억 광년 우주 공간에 이르기까지 다 함께 움직이고 다 함께 멈추며, 다 함께 구부리고 다 함께 펴며, 다 함께 노래하고 다 함께 침묵한다. 마치 인다라그물에 달린 구슬들이 서로서로 비추고 반사하는 경계와 같다. 무한 존재의 불이성不二性이다.

5. 이익을 밝히다

1) 현재의 이익

汝說此法時_에 有萬佛刹微塵數菩薩_이 發菩提心_{하니} 我等_이 今者_에 悉授其記_{호대} 於當來世_에 過千不可說無邊劫_{하야} 同一劫中_에 而得作佛_{하야} 出興於世_{호대} 皆號淸淨心如來_요 所住世界_는 各各差別_{이니라}

"이 법을 설할 때에 일만 부처님 세계의 미진수 보살들이 보리심을 내었으며, 우리들이 지금 그 보살들에게 다 수기를 주노니, 미래 세상에 일천 곱 말할 수 없고 그지없는 겁을 지나서 같은 겁 가운데서 부처를 이루어 세상에 출현하거든 모두 청정심여래清淨心如來라 이름할 것이며, 머물러 있는 세계는 각각 차별하리라."

초발심공덕에 대해서 설하고 나니 말로는 다 표현할 수 없는 이익이 있었음을 밝혔다. 초발심공덕의 법을 설할 때에 무수 억만 보살들이 따라서 보리심을 발하였다. 그리고 부처님들은 그들 보살에게 미래에 성불하여 모두 청정심여래가 되리라고 보증하는 수기를 하였다. 이것은 현전 대중들의 이익이다.

2) 미래의 이익

아 등　실 당 호 지 차 법　　영 미 래 세 일 체 보 살
我等이 **悉當護持此法**하야 **令未來世一切菩薩**의

미 중 문 자　개 실 득 문
未曾聞者로 **皆悉得聞**케호리라

"우리들이 모두 마땅히 이 법을 보호하여 지니다가 미래 세상 일체 보살의 듣지 못한 이들로 하여금 다 듣게 하리라."

이것은 미래 대중들의 이익이다. 화엄경이 이 시대에도 이렇게 읽히고 공부를 할 수 있게 된 것은 곧 미래 대중들의 이익이다. 지금 이 순간에도 초발심공덕품을 읽고 환희하여 믿고 받들어 행한다면 그들은 곧 청정심여래가 될 것이다. 왜냐하면 모든 사람은 본성에 이미 똑같은 청정심을 갖추고 있기 때문이다.

6. 다함이 없음을 밝히다

1) 설법이 두루 함을 밝히다

如此娑婆世界四天下須彌頂上_에 說如是法_{하야}
令諸衆生_{으로} 聞已受化_{하야} 如是十方百千億那
由他_와 無數無量無邊無等_과 不可數不可稱不
可思不可量不可說_인 盡法界虛空界諸世界中_{에도}
亦說此法_{하야} 敎化衆生_{하나니라}

 "이 사바세계 사천하의 수미산 꼭대기에서 이와 같은
법을 설하여 모든 중생들로 하여금 듣고 교화를 받게 하는 것과 같이, 시방의 백천억 나유타와 수없고, 한량없고, 끝없고, 같을 이 없고, 셀 수 없고, 일컬을 수 없고, 생각할 수 없고, 요량할 수 없고, 말할 수 없는 온 법계 허공계의 모든 세계 가운데서도 또한 이 법을 설하여 중생을 교화하느니라."

초발심공덕에 대한 설법은 비단 이곳 사바세계 사천하 수미산 꼭대기에서만 설하는 것이 아니다. 시방 백천억 나유타 무량 무수 온 법계와 허공계에서도 또한 이와 같이 이 법을 설하여 중생들을 교화한다. 그래서 이 초발심의 법문은 다함이 없다.

2) 설법이 두루 한 까닭을 밝히다

其說法者가 同名法慧니 悉以佛神力故며 世尊
기설법자   동명법혜   실이불신력고   세존

本願力故며 爲欲顯示佛法故며 爲以智光普照
본원력고   위욕현시불법고   위이지광보조

故며 爲欲開闡實義故며 爲令證得法性故며 爲令
衆會悉歡喜故며 爲欲開示佛法因故며 爲得一切
佛平等故며 爲了法界無有二故로 說如是法이니라

"또한 그 법을 설하는 이는 이름이 모두 법혜보살이니, 다 부처님의 신통한 힘인 연고며, 세존의 본래 원력인 연고며, 부처님의 법을 드러내 보이기 위한 연고며, 지혜의 빛으로 두루 비추려는 연고며, 실상의 이치를 천명하려는 연고며, 법의 성품을 증득케 하려는 연고며, 모든 대중을 다 환희케 하려는 연고며, 불법의 인연을 열어 보이려는 연고며, 일체 부처님의 평등함을 얻으려는 연고며, 법계가 둘이 없음을 알기 위한 연고로 이와 같은 법을 설하느니라."

초발심공덕의 설법이 왜 그토록 온 법계와 허공계에 두루 할까? 부처님의 신통한 힘 때문이며, 세존의 본래 원력 때문이며, 부처님의 법을 드러내 보이기 위한 것 때문인 등 열 가지 이유를 밝혔다. 그중에 실상의 이치를 천명하려는 것과 법의 성품을 증득케 하려는 것은 불법의 근본 종지인 불성생명의 위대함을 깨달아 스스로 마음껏 활용하도록 하려는 까닭이다.

7. 게송으로 거듭 설하다

1) 게송을 설하는 뜻

爾時_에 法慧菩薩_이 普觀盡虛空界十方國土
一切衆會_{하고} 欲悉成就諸衆生故_며 欲悉淨治諸
業果報故_며 欲悉開顯淸淨法界故_며 欲悉拔除
雜染根本故_며 欲悉增長廣大信解故_며 欲悉令
知無量衆生根故_며 欲悉令知三世法平等故_며 欲
悉令觀察涅槃界故_며 欲增長自淸淨善根故_로 承

불위력   즉설송언
佛威力하사 **卽說頌言**하사대

그때에 법혜보살이 온 허공계의 시방국토에 있는 모든 대중들을 두루 관찰하고 모든 중생을 다 성취하려는 연고며, 모든 업과 과보를 다 깨끗이 다스리려는 연고며, 청정한 법계를 모두 나타내려는 연고며, 잡되게 물드는 근본을 모두 뽑으려는 연고며, 넓고 큰 신심과 이해를 증장시키려는 연고며, 한량없는 중생의 근기를 다 알게 하려는 연고며, 삼세의 법이 평등함을 다 알게 하려는 연고며, 모두 열반의 경계를 관찰하려는 연고며, 스스로의 청정한 선근을 증장케 하려는 연고로 부처님의 위신력을 받들어 게송으로 말하였습니다.

모든 대승 경전에서 산문으로 길게 내용을 설명하고 나서 복습하는 뜻으로 반드시 게송으로 거듭 설한다. 산문에서 미처 못다 한 것을 보완하기도 하고, 또한 단 한 번으로 끝내기가 아쉬워서 재차 음미하여 마음 땅에 깊이 심는 뜻으로 거듭 설하기도 한다. 특히 이번에는 게송을 설하는 까닭을 길게 설하였다. 보살이 초발심한 공덕은 매우 훌륭하고 위대하다는 것을 드러내려는 뜻에서다. 초발심공덕이 그처럼 뛰어나기 때문이다.

2) 해解와 행行이 원만함

위 리 세 간 발 대 심
爲利世間發大心하니

기 심 보 변 어 시 방
其心普徧於十方의

중 생 국 토 삼 세 법
衆生國土三世法과

불 급 보 살 최 승 해
佛及菩薩最勝海로다

세간에 이익 주려고 큰 마음을 내니

그 마음이 시방세계의

중생과 국토와 삼세의 법과

부처님과 보살의 가장 수승한 바다에 두루 하도다.

초발심공덕에 대한 길고 긴 게송이 시작되었다. 첫 게송이다. 보살이 처음으로 보리심을 발한 것은 세간을 이익하게 하기 위해서다. 그래서 그 마음이 시방삼세 모든 국토의 모든 중생과 부처님과 보살의 가장 수승한 바다에까지 두루 하였다.

3) 일체 세계에 두루 하다

究竟虛空等法界의　　**所有一切諸世間**에
如諸佛法皆往詣하야　　**如是發心無退轉**이로다

허공의 끝간 데가 법계와 평등한데
거기 있는 일체 모든 세간에
부처님 법과 같이 모두 나아가
이와 같이 발심하여 퇴전치 않네.

　보살의 발심이란 허공계와 법계의 일체 세간에 모두 두루 하다. 그러므로 보살의 초발심은 모든 부처님의 법과 같이 모든 곳에 다 나아간다. 그러면서 결코 퇴전하지 않는다.

4) 널리 중생을 제도하다

자념중생무잠사
慈念衆生無暫捨하야

이제뇌해보요익
離諸惱害普饒益하며

광명조세위소귀
光明照世爲所歸하니

십력호념난사의
十力護念難思議로다

중생을 사랑하여 잠시도 버리지 않고
모든 괴로움과 해침을 다 떠나 널리 요익하게 하며
광명으로 세상을 밝게 비춰 의지가 되니
십력十力으로 염려함이 불가사의하도다.

초발심보살은 중생을 사랑하여 잠시도 버리지 않는다. 중생들의 괴로움과 해침을 다 떠나게 하며, 널리 요익하게 한다. 또 초발심보살은 지혜 광명으로 세상을 밝게 비춰서 세상에 의지처가 된다. 부처님의 힘인 십력十力[4]으로 중생들을 항상 보호하고 염려한다.

시방국토실취입
十方國土悉趣入하야

일체색형개시현
一切色形皆示現호대

여 불 복 지 광 무 변　　　수 순 수 인 무 소 착
如佛福智廣無邊하야　　**隨順修因無所着**이로다

시방의 모든 국토 다 들어가서

일체의 형색을 다 나타내며

부처님의 복과 지혜 그지없듯이

수순하여 인행因行을 닦고 집착하지 않네.

　초발심한 보살은 중생들을 널리 제도하기 위해서 시방의 모든 국토에 다 들어간다. 그래서 중생들과 어울릴 수 있는 일체 필요한 형색을 다 나타내 보인다. 중생을 제도하려면 그와 유사한 모습을 나타내 보이는 것이 중요하기 때문이

---

4) 십력十力 : 부처님만이 갖추고 있는 열 가지 지혜의 능력이다.
　① 처비처지력處非處智力 : 이치에 맞는 것과 맞지 않는 것을 분명히 구별하는 능력.
　② 업이숙지력業異熟智力 : 선악의 행위와 그 과보를 아는 능력.
　③ 정려해탈등지등지력靜慮解脫等持等至智力 : 모든 선정禪定에 능숙한 능력.
　④ 근상하지력根上下智力 : 중생의 능력이나 소질의 우열을 아는 능력.
　⑤ 종종승해지력種種勝解智力 : 중생의 여러 가지 뛰어난 판단을 아는 능력.
　⑥ 종종계지력種種界智力 : 중생의 여러 가지 근성을 아는 능력.
　⑦ 변취행지력遍趣行智力 : 어떠한 수행으로 어떠한 상태에 이르게 되는지를 아는 능력.
　⑧ 숙주수념지력宿住隨念智力 : 중생의 전생을 기억하는 능력.
　⑨ 사생지력死生智力 : 중생이 죽어 어디에 태어나는지를 아는 능력.
　⑩ 누진지력漏盡智力 : 번뇌를 모두 소멸시키는 능력.

다. 또 초발심한 보살은 그 복과 지혜가 부처님과 같이 그지없다. 일체 인행을 다 닦아도 집착이 없다.

5) 세계의 이뤄지고 무너짐을 알다

유찰앙주혹방복
有刹仰住或傍覆며

추묘광대무량종
麤妙廣大無量種이어든

보살일발최상심
菩薩一發最上心에

실능왕예개무애
悉能往詣皆無礙로다

어떤 세계는 잦혀 있고, 붙어 있고, 엎어져 있으며,
거칠고 아름답고 크고 작고 한량없거늘
보살이 한번 최상의 마음을 내니
곳곳마다 나아가 걸림이 없도다.

초발심한 보살은 중생을 제도하기 위해서 가지가지 세계의 모습을 다 알며, 그 가지가지 세계에 다 나아가서 교화하고 조복하는 데 걸림이 없다. 세상은 각양각색의 모습이다. 보살은 중생들이 업을 따라 살아가는 현상이 아무리 다르더라도 꺼리거나 두려워하거나 어려워하지 않는다.

6) 중생의 때를 깨끗하게 하다

보 살 승 행 불 가 설 　　　개 근 수 습 무 소 주
菩薩勝行不可說을　　　**皆勤修習無所住**하며

견 일 체 불 상 흔 락 　　　보 입 어 기 심 법 해
見一切佛常欣樂하야　　**普入於其深法海**로다

애 민 오 취 제 군 생 　　　영 제 구 예 보 청 정
哀愍五趣諸群生하야　　**令除垢穢普淸淨**하나라

보살의 수승한 행은 말할 수 없어
모두 다 부지런히 닦아 익혀 머물지 않고
일체 부처님 뵈옵고 항상 기뻐하면서
깊고 깊은 법의 바다에 다 들어가고
다섯 갈래 중생들을 불쌍히 여겨
더러운 때를 씻어 깨끗하게 하도다.

초발심한 보살은 말로 다 설명할 수 없이 많은 수승한 보살행을 부지런히 닦아 익힌다. 그러면서 그것에 머물지 않

는다. 아무리 훌륭한 수행을 하였더라도 그것에 집착하여 머물면 진정한 수행이 아니기 때문이다. 또 초발심한 보살은 일체 부처님을 다 뵙고 기뻐하며, 깊고 깊은 법의 바다에 다 들어간다. 법의 바다로 지옥, 아귀, 축생, 인도, 천도의 다섯 갈래 중생들을 애민하게 여겨서 그들의 번뇌의 때를 씻어 청정하게 한다. 이와 같이 초발심한 보살은 곧 부처님이 하시는 일을 다 한다.

7) 부처님의 종성種性을 잇는다

소 륭 불 종 부 단 절
紹隆佛種不斷絶하고　　**催滅魔宮無有餘**로다
최 멸 마 궁 무 유 여

부처님의 종성을 이어서 끊어지지 않게 하고
마군의 궁전을 부수어 남음이 없게 하네.

초발심한 보살의 가장 큰 임무는 부처님의 종성을 끊어지지 않게 하여 영원히 불법을 이어가게 하는 일이다. 불법을 깊이 믿어 소신공양燒身供養이라도 하고 싶은 환희심으로 몸과 마음과 일체 능력을 다하여 오래오래 불법을 이어가게 해야 한다.

이 주 여 래 평 등 성
已住如來平等性하야

선 수 미 묘 방 편 도
善修微妙方便道하며

어 불 경 계 기 신 심
於佛境界起信心하야

득 불 관 정 심 무 착
得佛灌頂心無着이로다

평등한 여래 성품에 이미 머물고
미묘한 방편도를 잘 닦아서
부처님의 경계에 신심을 내며
부처님 관정灌頂 얻고 집착이 없네.

초발심한 보살은 평등한 여래의 성품에 이미 머물러 있다. 그러므로 곧 여래다. 여래가 사용하는 중생 교화의 방편도 이미 잘 닦았다. 여래의 경계에 깊은 신심을 내었으므로 부처님의 대를 이어 세상을 교화할 임무를 부여받았다. 그러나 그것에 마음의 집착은 없다.

양 족 존 소 념 보 은
兩足尊所念報恩하야

심 여 금 강 불 가 저
心如金剛不可沮하며

어 불 소 행 능 조 료
於佛所行能照了하야

자 연 수 습 보 리 행
自然修習菩提行이로다

양족존兩足尊의 은혜를 갚으려는 생각
그 마음 금강과 같아 저해할 수 없으며
부처님의 행할 일을 비추어 알고
자연히 보리행을 닦아 익히네.

초발심한 보살은 부처님의 은혜를 갚으려는 마음이 금강석과 같다. 부처님의 깨달음으로부터 모든 존재의 실상을 환하게 알게 되었으며, 인생을 어떻게 사는 것이 가치 있게 사는 것인가를 알게 되어 보리행을 열심히 닦아 익히게 되었으니 이 얼마나 감사한 일인가. 이 모두가 부처님의 은혜다. 금강과 같이 굳은 마음으로 그 은혜를 갚아야 하리라.

8) 중생들이 즐겨하는 것을 안다

제취차별상무량
諸趣差別想無量과

업과급심역비일
業果及心亦非一과

내지근성종종수
乃至根性種種殊를

일발대심실명견
一發大心悉明見이로다

모든 갈래의 차별과 수없는 망상
업과 과보와 마음도 하나가 아니며
근기와 성품들도 제각기 달라
큰 마음 한 번 내어 밝게 보도다.

처음 보리심을 발하게 되면 6도 중생들의 차별과 그들의 생각과 업과 업의 과보와 각각의 마음 씀씀이까지 다 안다. 근기와 성품까지도 다 안다. 보리심이라는 큰 마음의 힘은 그와 같다.

기심광대등법계
其心廣大等法界하며

무의무변여허공
無依無變如虛空하니

취향불지무소취　　　　체료실제이분별
趣向佛智無所取요　　**諦了實際離分別**이로다

그 마음 크고 넓어 법계와 같고
의지 없고 변함없기 허공 같으며
부처님 지혜 향向해도 취함이 없어
실제實際를 잘 알아서 분별 떠났네.

보리심은 광대하기가 법계와 같다. 또 허공이 변함없듯이 변함이 없다. 보리심은 부처님이 깨달으신 지혜를 향해 수행하지만 아무런 취함이 없다. 또 실제의 진리를 잘 알아서 일체 분별이 없다.

지중생심무생상　　　　요달제법무법상
知衆生心無生想하며　**了達諸法無法想**하야
수보분별무분별　　　　억나유찰개왕예
雖普分別無分別하고　**億那由刹皆往詣**로다

중생 마음 알아도 중생이라는 생각 없으며
모든 법 알지만 법이라는 생각 없고

비록 널리 분별을 하되 분별이 없어
억 나유타 세계에 모두 나아가도다.

보리심은 곧 중도심中道心이다. 그러므로 중생을 알고 제법을 알지만 중생이니 제법이니 하는 생각을 떠났다. 일체를 분별하더라도 분별이 없다. 이것이 중도심의 위대함이다.

무량제불묘법장　　　　수순관찰실능입
無量諸佛妙法藏에　　**隨順觀察悉能入**하야

중생근행미부지　　　　도여시처여세존
衆生根行靡不知하니　**到如是處如世尊**이로다

한량없는 부처님 묘한 법장法藏에
수순하여 관찰하며 다 들어가고
중생의 근성과 행을 모두 아나니
이런 곳에 이른 것이 세존 같도다.

보리심을 발한 사람은 부처님의 한량없는 가르침을 환희한 마음으로 낱낱이 다 배운다. 한 글자 한 글자를 마치 다 이아몬드처럼 귀중하게 여기며 공부한다. 또 중생들의 근기와 행동을 모두 잘 아는 것이 마치 세존과도 같다.

청정대원항상응
清淨大願恒相應하야

낙공여래불퇴전
樂供如來不退轉하니

인천견자무염족
人天見者無厭足이라

상위제불소호념
常爲諸佛所護念이로다

청정한 큰 원력과 항상 서로 응하여
여래께 즐겨 공양하여 물러서지 않고
천신이나 인간이 보는 이 싫은 줄 몰라
항상 모든 부처님의 호념을 받느니라.

보리심을 발한 보살은 큰 원력이 있다. 불교를 꽃으로 비유할 때 불교의 지혜는 밝은 꽃이고, 불교의 자비는 향기로운 꽃이고, 불교의 교화는 아름다운 꽃이고, 불교의 원력은 생기 있는 꽃이라고 한다. 원력이야말로 생명력이 넘치는 보살의 실천행이다. 보살은 무엇보다 원력이 있어야 한다. 그래서 보리심을 발한 보살은 모든 생명을 부처님으로 여겨 공양하는 일에 물러서지 않는다.

9) 삼세를 통달하여 마음에 걸림이 없다

기 심 청 정 무 소 의　　　수 관 심 법 이 불 취
其心淸淨無所依하야　　**雖觀深法而不取**라

여 시 사 유 무 량 겁　　　어 삼 세 중 무 소 착
如是思惟無量劫하야　　**於三世中無所着**이로다

그 마음 청정하여 의지한 데 없고
깊은 법을 보더라도 취하지 않으며
이와 같이 오랜 세월 생각하여도
세 세상 가운데서 집착이 없네.

처음 보리심을 낸 보살은 그 마음이 텅 비고 청정하여 어디에도 의지함이 없다. 또 비록 깊은 법을 관찰하더라도 취하는 바가 없다. 이와 같이 사유하여 한량없는 겁을 지내더라도 과거 현재 미래에 집착하는 바가 없다.

기심견고난제저 　　　　취불보리무장애
其心堅固難制沮라　　**趣佛菩提無障礙**하며

지구묘도제몽혹 　　　　주행법계불고로
志求妙道除蒙惑이라　**周行法界不告勞**로다

그 마음 견고하여 제어하지 못하고

부처님 보리에 나아가기 장애 없으며

묘한 도리 구하여 의혹 없으매

법계에 두루 다녀도 피로하다 하지 않네.

보리심을 발한 보살의 마음은 견고하여 그 누구도 제어하지 못한다. 그래서 부처님의 깨달음에 나아가는 데 아무런 걸림이 없다. 미묘한 불도를 구하는 데 의혹이 없어서 법계를 아무리 다녀도 수고롭다 하지 않는다.

지어언법개적멸 　　　　단입진여절이해
知語言法皆寂滅하야　**但入眞如絶異解**하며

제불경계실순관 　　　　달어삼세심무애
諸佛境界悉順觀하야　**達於三世心無礙**로다

언어의 법이 모두 적멸함을 알아서
다만 진여에 들어가서 다른 이해가 끊어졌으니
모든 부처님의 경계를 다 따라 관찰하고
삼세를 통달하여 마음에 걸림이 없도다.

존재의 실상은 말을 떠났다고 하였다. 그러므로 언어의 법은 모두 적멸하다. 다만 진여생명에 깊이 들어가서 진여생명 자체로서 이해해야 한다. 언어만 좇아 간다면 무슨 답이 있겠는가. 모든 부처님의 경계를 다 따라 관찰한다는 것이 곧 그것이다. 그렇다면 저절로 삼세를 통달해서 걸림이 없으리라.

10) 설법과 교화

보 살 시 발 광 대 심
菩薩始發廣大心에

즉 능 변 왕 시 방 찰
卽能徧往十方刹하야

법 문 무 량 불 가 설
法門無量不可說을

지 광 보 조 개 명 료
智光普照皆明了로다

보살이 광대한 마음을 처음 내고는
곧 시방의 모든 세계 두루 나아가
법문이 무량하여 설명할 수 없는 것을
지혜 광명으로 비추어서 다 밝게 알도다.

보살이 처음으로 광대한 보리심을 발하여 시방세계에 두루 나아가서 한량없는 법문으로 설법하고 교화하였다. 그것은 곧 지혜의 광명으로 널리 비추는 것이다. 보리심은 불심이며, 광대심이며, 지혜심이며, 자비심이며, 진여심이며, 일체심이다. 보리심 안에는 모든 마음이 다 포함된다.

대비광도최무비
大悲廣度最無比하며

자심보변등허공
慈心普徧等虛空호대

이어중생불분별
而於衆生不分別하야

여시청정유어세
如是淸淨遊於世로다

크게 불쌍히 여겨 건져 주심이 비길 데 없고
사랑하는 마음 널리 두루 하여 허공 같아라.
중생에게 조금도 분별하지 않으시니

이와 같이 청정하게 온 세계 다니도다.

처음으로 발심한 보살의 삶을 이와 같이 완전하게 표현할 수 있을까. 광대하기가 허공과 같은 대자대비의 마음과 그 실천을 다 지니고 있다. 특히 중생에 대한 아무런 차별심 없이 텅 빈 마음으로 온 세계 중생을 다 건지려고 다니신다. 이것이 보살의 발심이다. 발심한 불자라면 이와 같아야 한다.

11) 모든 부처님의 가호加護

시 방 중 생 실 위 안
十方衆生悉慰安하며

일 체 소 작 개 진 실
一切所作皆眞實이라

항 이 정 심 불 이 어
恒以淨心不異語로

상 위 제 불 공 가 호
常爲諸佛共加護로다

시방세계 중생을 다 위안하며
일체의 하는 일이 다 진실하고
언제나 깨끗한 마음 다른 말 없어
항상 모든 부처님의 가호를 같이 받느니라.

초발심한 보살은 시방세계 중생들을 빠뜨리지 않고 다 위안하고 지켜 준다. 하는 일은 모두 진실하다. 항상 청정한 마음이라 사실과 다르게 말하지 않는다. 그러므로 모든 부처님이 다 같이 가호하신다. 이것이 발심한 보살의 마음이며 큰 혜택이다.

12) 세계의 진동

과 거 소 유 개 억 념
過去所有皆憶念하고　　**未來一切悉分別**하야
미 래 일 체 실 분 별

시 방 세 계 보 입 중
十方世界普入中하니　　**爲度衆生令出離**로다
위 도 중 생 영 출 리

과거 세상 있던 일 다 기억하고

미래 세상 일체를 모두 분별해

시방세계 가운데 두루 들어가

중생을 제도하여 해탈케 하네.

발심한 보살은 과거와 현재와 미래의 일을 다 기억하고

다 안다. 그 능력으로 시방세계에 두루 들어가서 일체 중생을 교화하고 조복하여 세계를 진동시킨다.

13) 모든 미혹의 소멸

보 살 구 족 묘 지 광　　　선 료 인 연 무 유 의
菩薩具足妙智光하야　**善了因緣無有疑**라

일 체 미 혹 개 제 단　　　여 시 이 유 어 법 계
一切迷惑皆除斷하고　**如是而遊於法界**로다

보살이 묘한 지혜 광명 갖추고
인연법을 잘 알아 의심 없으며
일체 미혹 모두 다 끊었으므로
이와 같이 온 법계에 두루 다니도다.

초발심 보살이 미묘한 지혜 광명을 구족하였다는 것은 무엇인가. 모든 존재의 연기법을 잘 알아서 아무런 의심이 없는 상태다. 연기, 인연, 인과 이 원리에 미혹이 없으면 세상을 아무리 돌아다니면서 중생을 교화해도 잘못되지 않는다.

화엄경의 가르침은 불보살의 연기며 법계의 연기다. 일체 삼라만상이 모두 불보살로 연기하여 천변만화한다.

마왕궁전실최파 　　　중생예막함제멸
魔王宮殿悉摧破하고　**衆生翳膜咸除滅**하며

이제분별심부동 　　　선요여래지경계
離諸分別心不動하야　**善了如來之境界**로다

마왕의 궁전들을 모두 부숴 버리고
중생의 어두운 무명[翳膜] 모두 제멸해
모든 분별을 떠났으매 마음이 부동하여
여래의 경계를 분명히 알도다.

초발심 보살이 발심을 하면 모든 미혹들을 다 소멸한다. 마왕의 궁전이란 내 안에서 일어나는 온갖 망상과 밖에서 침범하는 여러 가지 경계들이다. 또 모든 것은 인연으로 생기고 인연으로 소멸한다는 인연생기의 원리를 모르는 것이다. 중생의 어두운 무명은 마치 눈에 여러 가지 막이 생겨 대상을 제대로 볼 수 없듯이 참다운 이치를 분별하지 못한다. 발심한 보살은 그와 같은 것을 다 소멸한다. 일체가 인연생기라는 사실을 잘 안다. 그리고 모든 이치와 어긋나는 분별망상을 떠났기 때문에 내 앞에 어떤 현상이 벌어져도 마음이 동요하지 않는다. 또한 여래의 경계까지 잘 안다. 초발심의 능력은 이와 같다.

삼 세 의 망 실 이 제
三世疑網悉已除하고

어 여 래 소 기 정 신
於如來所起淨信하야

이 신 득 성 부 동 지
以信得成不動智하니

지 청 정 고 해 진 실
智淸淨故解眞實이로다

삼세의 의심의 그물을 다 이미 제하고
여래에게 청정한 신심을 내어
믿음으로 부동의 지혜를 이루었으니
지혜가 청정하매 이해도 진실하도다.

발심한 보살은 과거 현재 미래에 대한 모든 의심의 그물들을 다 이미 제거하였다. 또한 여래의 경계와 여래의 처소와 여래의 삶에 대하여 청정한 신심을 일으켜서 그 마음이 환희에 넘친다. 그 신심으로 드디어 부동의 지혜를 이룬다. 부동의 지혜가 청정하여 온갖 것을 아는 것도 다 진실하다.

위령중생득출리 　　　진어후제보요익
爲令衆生得出離하야　**盡於後際普饒益**호대
장시근고심무염 　　　내지지옥역안수
長時勤苦心無厭하며　**乃至地獄亦安受**로다

중생들을 생사에서 벗어나게 하며
오는 세상 끝나도록 이롭게 하되
오랜 세월 애를 써도 싫은 줄 모르며
지옥에 이르러도 편안히 수용하도다.

초발심한 보살은 모든 중생들을 생사의 바다에서 벗어나게 하며, 세세생생 영원히 이익하게 한다. 비록 오랜 세월 중생들을 위해 무수한 고통을 겪더라도 마음에 싫증을 내지 않는다. 심지어 지옥에 빠진 중생들을 건지기 위해서 지옥에 가더라도 그 지옥의 상황을 편안히 받아들인다.

아! 위대하여라, 발심한 보살이여!

거룩하여라, 발심한 보살이여!

훌륭하여라, 발심한 보살이여!

　복 지 무 량 개 구 족　　　중 생 근 욕 실 요 지
　福智無量皆具足하고　**衆生根欲悉了知**하며

　급 제 업 행 무 불 견　　　여 기 소 락 위 설 법
　及諸業行無不見하야　**如其所樂爲說法**이로다

한량없는 복과 지혜를 모두 갖추고
중생들의 근성과 욕망을 모두 다 알며
모든 업과 행동을 모두 다 보고서
그들의 즐기는 바와 같이 법을 설하도다.

　부처님의 특징을 복덕과 지혜를 다 갖추신 양족존兩足尊이라고 한다. 발심한 보살도 또한 한량없는 복덕과 지혜를 다 갖추었다. 그뿐만 아니라 중생들의 근성과 욕망을 다 알고 업과 행동을 다 알아서 그들의 근기와 수준과 좋아하는 바에 알맞게 법을 설하신다.

요지일체공무아　　　자념중생항불사
了知一切空無我하고　**慈念衆生恒不捨**하야

이일대비미묘음　　　보입세간이연설
以一大悲微妙音으로　**普入世間而演說**이로다

일체가 공하여 무아無我인 줄 알되

자비로써 중생들을 생각하여 버리지 않네.

오로지 큰 자비와 미묘한 음성으로

세간에 널리 들어가서 연설하도다.

불교의 기본 진리인 삼법인三法印 중에 제법무아諸法無我가 있다. 사람을 위시하여 이 세상 모든 것은 고정된 실체로서의 주인이 없다. 발심한 보살은 그 사실을 너무나도 잘 알지만 자비심으로 그와 같은 이치를 모르는 중생들을 한시도 잊지 않는다. 그래서 오로지 자비한 마음과 아름다운 음성으로 세간을 두루 돌아다니면서 인생의 참다운 이치를 설하여 깨우치신다.

14) 광명을 놓아 세계를 비추다

放大光明種種色하야　普照衆生除黑闇하니
光中菩薩坐蓮華하야　爲衆闡揚淸淨法이로다

여러 빛깔 크고 찬란한 광명을 놓아서
중생들을 두루 비춰 암흑을 제거하며
광명 속에 보살이 연꽃에 앉아
중생 위해 청정한 법을 선양하도다.

발심한 보살은 온갖 아름다운 선행과 진리의 설법으로 세상에 찬란한 빛이 된다. 그 빛을 널리 비추어 세상 사람들의 고통과 어려움을 다 소멸한다. 그와 같은 빛으로 오신 보살은 아름다운 연꽃 위에 앉아 계시면서 중생을 위해 뛰어난 청정법을 연설하신다.

15) 국토의 청정

어일모단현중찰　　　제대보살개충만
於一毛端現衆刹하야　**諸大菩薩皆充滿**하니

중회지혜각부동　　　실능명료중생심
衆會智慧各不同이어늘　**悉能明了衆生心**이로다

한 털끝에 나타내는 많은 세계에
수없는 큰 보살들이 가득찼는데
모인 대중 지혜들이 각각 다르나
모두들 중생 마음 분명히 알도다.

발심한 보살의 안목에는 한 털끝에 무수한 세계가 나타나 있고, 그 세계에는 큰 보살들이 충만해 있다. 또 충만한 보살 대중들의 지혜가 각각 다르지만 중생들의 마음을 분명하게 안다. 마치 한 사람의 몸속에 60조의 세포가 있고, 그 세포마다 또 각각 60조의 세포가 있어서 하나하나의 세포마다 5장 6부와 뼈와 살과 피의 요소가 다 들어 있는 이치와 같다. 그 하나의 세포로 온전한 사람을 복제할 수도 있다. 그래서 식물이나 다른 동물은 이미 배양하고 복제하고 있는 것이다.

16) 중생들의 환희

시방세계불가설
十方世界不可說에
일념주행무부진
一念周行無不盡하야

이익중생공양불
利益衆生供養佛하고
어제불소문심의
於諸佛所問深義로다

어제여래작부상
於諸如來作父想하야
위리중생수각행
爲利衆生修覺行이로다

시방세계가 말할 수 없이 많지만

한 생각에 두루 다녀 모두 다 가서

중생에게 이익 주며 부처님께 공양하고

부처님 처소마다 깊은 뜻 묻도다.

여래께 아버지란 생각을 내고

중생에게 이익 주려 보리행을 닦도다.

보리심을 발한 보살이 할 일이란 세계가 아무리 많더라도 한순간에 두루 다 다니면서 중생들을 이익하게 하고 중생들을 부처님으로 받들어 섬기면서 공양하는 일이다. 또한 모든 부처님께 존재의 실상에 대한 깊은 이치를 질문하여 밝히는 일이다. 또 모든 여래를 아버지라는 생각으로 효도하며 섬긴다. 더욱 더 큰 깨달음으로 나아가는 것도 역시 중생을 이익하게 하려는 뜻에서다.

17) 법계法界에 널리 들어감

智慧善巧通法藏하야 入深智處無所着하며
隨順思惟說法界를 經無量劫不可盡하며
智雖善入無處所나 無有疲厭無所着이로다

지혜가 빼어나서 법장法藏을 통달하며
깊은 지혜에 들어가도 집착이 없고
수순하여 사유하고 법계를 설하는 것이
한량없는 겁劫에도 다하지 않네.

지혜에 들어가나 들어가는 처소가 없으며
피로함도 없으며 집착도 없네.

 보리심을 발한 보살은 지혜가 빼어나서 부처님 법의 창고인 팔만대장경을 다 통달한다. 부처님의 법장을 통달하지 못하면 보살이라 할 수 없다. 또 깊은 지혜에 들어가도 지혜에 대한 아무런 집착이 없다. 일체 법계를 수순하여 사유하고 법계를 설하는 데 한량없는 겁을 지나도 다하지 않는다.

18) 부처님의 종성種性에 들어가다

삼 세 제 불 가 중 생
三世諸佛家中生하야

증 득 여 래 묘 법 신
證得如來妙法身하고

삼세의 부처님들 가문에 태어나서
여래의 묘한 법신을 증득하였도다.

 보리심을 발한 보살은 과거 현재 미래의 모든 부처님의

가문에 태어나서 부처님의 종성을 이어가는 사람이다. 부처님의 가문에 태어난다는 것은 무엇인가. 보리심을 발하여 부처님이 하신 중생 교화 사업을 왕성하게 펼친다는 뜻이다.

19) 성불成佛을 나타내 보이다

보 위 군 생 현 중 색
普爲群生現衆色이

비 여 환 사 무 부 작
譬如幻師無不作이라

혹 현 시 수 수 승 행
或現始修殊勝行하고

혹 현 초 생 급 출 가
或現初生及出家하며

혹 현 수 하 성 보 리
或現樹下成菩提하고

혹 위 중 생 시 열 반
或爲衆生示涅槃이로다

널리 중생을 위해 여러 몸을 나타내나니
비유컨대 마술사가 온갖 것을 다 만들 듯하네.
혹은 처음 닦는 수승한 행을 나타내기도 하고
혹은 처음 태어나고 출가하는 일도 보이고
혹은 보리수 아래에서 성도成道함도 보이며
혹은 중생에게 열반함도 나타내더라.

보리심을 발한 보살은 마치 마술사가 마술로 여러 가지 물건과 일들을 나타내 보이듯이 중생들을 위해서 여러 가지 몸을 다 나타내 보인다. 훌륭한 수행과 태어남과 출가와 정각과 열반까지 중생을 위해서라면 무엇이든 다 나타내 보인다.

20) 부처님과 평등한 경계

보 살 소 주 희 유 법　　　유 불 경 계 비 이 승
菩薩所住希有法은　　**唯佛境界非二乘**이라

신 어 의 상 개 이 제　　　종 종 수 의 실 능 현
身語意想皆已除하고　　**種種隨宜悉能現**이로다

보살들이 머무는 희유한 법은
부처님의 경계요 이승二乘 아니니
몸과 말과 뜻과 생각 다 제했지만
가지가지 편의 따라 다 나타내도다.

처음 보리심을 발하면 그 경계가 부처님의 경계와 평등하다. 그래서 보리심을 발한 보살은 희유한 법에 머무르는데 오직 부처님만이 머무는 곳이요 이승들은 머물지 못한다고 하였다. 몸과 말과 뜻과 생각을 다 떠나서 깨달음에 의한 직관으로 편의를 따라 가지가지를 나타낸다.

보살소득제불법　　　중생사유발광란
菩薩所得諸佛法은　　**衆生思惟發狂亂**이라
지입실제심무애　　　보현여래자재력
智入實際心無礙하야　**普現如來自在力**이로다

보살들이 얻은 바 부처님 법을
중생이 생각하면 광란하지만
실제實際에 든 지혜는 걸림이 없어
여래의 자재한 힘을 다 나타내도다.

처음 보리심을 발한 보살의 경지만 하더라도 중생들의 수준에는 미치고 발광할 내용이다. 발심한 보살은 그 지혜가 실제實際에 들어가서 걸림이 없으며 여래의 자재한 힘까지 다 나타낸다.

차어세간무여등	하황부증수승행
此於世間無與等이어든	何況復增殊勝行가
수미구족일체지	이획여래자재력
雖未具足一切智나	已獲如來自在力하며
이주구경일승도	심입미묘최상법
已住究竟一乘道하야	深入微妙最上法이로다

이런 분은 세상에 짝이 없는데
하물며 더욱 더 수승한 행行이겠는가.
비록 일체 지혜는 구족하지 못하였지만
여래의 자재한 힘은 이미 얻었고
구경究竟의 일승도一乘道에 머물렀으며
미묘하고 가장 높은 법에 깊이 들어갔도다.

 초발심 보살은 발심만으로도 세상에서 누구와도 비교할 수 없다. 거기에 더하여 앞으로 나아가야 할 십행十行과 십회향과 십지와 등각과 묘각 등등의 아주 수승한 행이 있지 않은가. 비록 부처님이 갖추신 일체 지혜는 아직 얻지 못했더라도 여래의 자재한 힘은 이미 얻었다. 구경의 일승도一乘道에도 머물며 미묘하고 가장 높은 법에 깊이 들어갔다.

일승도란 사람이 곧 부처님이라는 인불사상이다. 불교 수행은 근기와 수준을 따라 점차적으로 단계를 올라간다고 하지만 그 처음이나 궁극은 본래로 사람이 부처님이라는 일승도에 머무는 것이다.

21) 공덕의 평등

선 지 중 생 시 비 시
善知衆生時非時하야

위 이 익 고 현 신 통
爲利益故現神通호대

분 신 변 만 일 체 찰
分身徧滿一切刹하야

방 정 광 명 제 세 암
放淨光明除世暗이로다

중생들의 제 때와 때 아님을 잘 알고
이익을 주려고 신통을 나타내나니
분신分身이 일체 세계에 가득히 차서
청정한 광명을 놓아 세상의 어두움 제거하도다.

발심한 보살이 아는 중생의 때와 때가 아님이란 부처님이 정각을 이루시고 중생들의 근기와 수준을 알아 그것에 알

맞은 설법으로 교화하는 일이다. 또 보살은 분신을 일체 세계에 두루 하여 청정한 지혜의 광명, 즉 참다운 이치의 가르침인 연기법으로 세상 사람들의 어리석음의 어둠을 모두 제거한다. 그야말로 보살은 천백억화신으로 천변만화하면서 중생들을 교화한다.

비여용왕기대운
譬如龍王起大雲하야

보우묘우실충흡
普雨妙雨悉充洽이라

관찰중생여환몽
觀察衆生如幻夢하야

이업력고상유전
以業力故常流轉이로다

용왕이 큰 구름을 일으키어
좋은 비 흡족하게 내림과 같네.
중생들이 환영과 같고 꿈과 같은
업력業力으로 항상 유전함을 관찰하도다.

발심한 보살이 모든 존재의 존재 원리가 연기법이라는 만고불변의 진리로써 세상을 향하여 법을 설하는 것은 마치 십년 동안의 가뭄 끝에 단비를 흡족하게 내려서 대지를 촉촉

이 적시는 일과 같다. 또 보살은 중생들이 환영과 같고 꿈과 같은 업력業力으로 항상 살아가고 있음을 잘 관찰하여 법을 설한다.

대비애민함구발　　위설무위정법성
大悲哀愍咸救拔하야　　**爲說無爲淨法性**하니

불력무량차역연　　비여허공무유변
佛力無量此亦然이라　　**譬如虛空無有邊**이로다

대자비로 슬피 여겨 구하시려고
무위無爲의 청정법을 설하여 주니
한량없는 부처님 힘도 역시 그러해
비유컨대 가없는 허공과 같네.

보살이 설하는 무위의 청정법이란 일체 존재가 본래부터 존재하는 존재 원리다. 저절로 돌아가는 이치다. 세존이나 보살은 새로운 것을 조작하여 이치에도 안 맞고 자연스러운 법칙에도 안 맞는 일을 무리하게 기어이 해내려는 법을 설하지 않는다.

위령중생득해탈
爲令衆生得解脫_{하야}

억겁근수이불권
億劫勤修而不倦_{하며}

종종사유묘공덕
種種思惟妙功德_{하야}

선수무상제일업
善修無上第一業_{하며}

어제승행항불사
於諸勝行恒不捨_{하야}

전념생성일체지
專念生成一切智_{로다}

중생들에게 해탈을 얻게 하려고
억겁 동안 수행하여 게으르지 않고
가지가지로 아름다운 공덕을 사유하여
가장 높고 제일가는 업을 잘 닦아서
여러 가지 훌륭한 행을 버리지 않고
오로지 일체지一切智 이룰 것만 생각하도다.

보살이 무수 억겁 동안 부지런히 수행하고 갖가지 미묘한 공덕을 사유하신 것은 오로지 중생들을 해탈케 하기 위함이다. 이것이 가장 높고 제일가는 보살의 업이다. 그리고 더 나아가서 수승한 행을 하는 것은 부처님이 얻으신 존재의 평등과 차별을 다 아는 일체지一切智를 이룰 것을 생각하기 때문이다.

22) 한 몸과 무량한 몸의 평등

일 신 시 현 무 량 신　　　일 체 세 계 실 주 변
一身示現無量身하야　　**一切世界悉周徧**호대

기 심 청 정 무 분 별　　　일 념 난 사 역 여 시
其心淸淨無分別하니　　**一念難思力如是**로다

한 몸에서 한량없는 몸을 나타내 보여서

일체 세계에 두루 하여도

그 마음 청정하여 분별없으니

한 생각의 부사의한 힘이 이와 같도다.

보살이 한 몸에서 무량한 몸을 나타내어 일체 세계에 두루 하는 것은 일체 존재의 존재 원리가 그와 같이 되어 있기 때문이다. 지구상의 무수한 생명체 가운데 사람을 보면 아주 작은 부분이지만 70억이나 된다. 또 70억의 한 사람 한 사람은 60조나 되는 세포로 구성되어 있다. 60조의 한 세포 한 세포는 또 60조의 세포로 구성되어 있다. 사람도 동물도 식물도 광물도 어류도 조류도 곤충류도 무엇이나 다 같은 원리로 되어 있다. 그래서 보살은 무량한 현신이 가능한 것이다. 천백억화신을 나타내어 천변만화하는 것이다. 이와 같은 이치를 아는 사람의 한 생각의 힘은 참으로 불가사의하다.

23) 진실한 지혜

어 제 세 간 불 분 별
於諸世間不分別하며

어 일 체 법 무 망 상
於一切法無妄想하야

수 관 제 법 이 불 취
雖觀諸法而不取라

항 구 중 생 무 소 도
恒救衆生無所度로다

모든 세간에 분별이 없고
일체 법에 대해서도 망상 없으며
비록 모든 법을 보지마는 취하지 않고
항상 중생을 구원해도 건진 것 없도다.

발심한 보살은 모든 세간에 들어가서 함께하지만 세간에 대한 차별심과 분별심이 없다. 일체 법에 대해서도 일체의 망령된 생각을 하지 않는다. 있는 그대로를 볼 뿐이다. 취하거나 버리는 일이 없다. 그러면서 항상 부지런히 중생들을 교화하고 제도하지만 결코 제도한 바가 없다. 발심한 보살의 삶은 이와 같다.

일체세간유시상 어중종종각차별
一切世間唯是想이라 **於中種種各差別**하니

지상경계험차심 위현신통이구탈
知想境界險且深하야 **爲現神通而救脫**이로다

일체의 세간들은 오직 생각일 뿐인데
그 가운데서 갖가지로 차별을 일으키네.
생각의 경계는 험하고 깊은 줄 알아
신통을 나타내어 해탈케 하도다.

보살의 진실한 지혜에서 보면 중생들의 일체 세간이란 오직 생각에서 일어난 것이다. 인류 문명도 역시 사람의 생각에서 발달하였다. 이와 같이 생각에서 만든 세간은 가지가지로 차별하다. 생각으로 만든 세간은 험악하고 깊다. 진화니 발달이니 하지만 사람을 자꾸 복잡한 곳으로 몰고 간다. 그래서 보살은 그들을 구원하기 위해서 신통을 나타내어 해탈케 한다.

비여환사자재력   보살신변역여시
譬如幻師自在力하야   **菩薩神變亦如是**라

신변법계급허공   수중생심미불견
身徧法界及虛空하야   **隨衆生心靡不見**이로다

비유하면 마술사의 자재한 힘과 같이
보살의 신통변화도 또한 이와 같아서
법계와 허공계에 가득한 몸을
중생들이 마음 따라 모두 다 보도다.

 우리들의 눈앞에 펼쳐진 이 세상은 모두가 불보살의 연기로 천변만화한 것이다. 마치 마술사가 마술로 온갖 것을 만들어 내는 것과 같다. 천변만화한 그 불보살들이 법계와 허공계에 가득하여 중생들이 마음 따라 다 본다.

능소분별이구리   잡염청정무소취
能所分別二俱離하며   **雜染淸淨無所取**하며

약박약해지실망   단원보여중생락
若縛若解智悉忘하고   **但願普與衆生樂**이로다

주관과 객관이라는 분별을 둘 다 떠나고
더럽고 깨끗함을 취하지 않으며
속박이니 해탈이란 지혜도 다 잊어
다만 중생에게 널리 안락 주기를 원할 뿐이네.

세상은 모두가 상대적으로 되어 있다. 너와 나, 주관과 객관, 남자와 여자, 음과 양, 남과 북, 동과 서, 있음과 없음 등등 끝이 없다. 발심한 보살은 이 상대적 관계를 다 떠나고 더러우니 청정하니 하는 것도 취하지 않는다. 속박도 해탈도 다 잊고 어떻게 하면 중생들을 이롭게 할까만을 생각한다. 발심한 보살의 화두는 자나 깨나 중생의 안락이다.

일체세간유상력   이지이입심무외
一切世間唯想力이라   **以智而入心無畏**하며

十七. 초발심공덕품初發心功德品

사 유 제 법 역 부 연   삼 세 추 구 불 가 득
思惟諸法亦復然하야   **三世推求不可得**이로다

일체의 세간들이 오직 생각의 힘뿐이라
지혜로써 들어가니 마음에 두려움 없고
모든 법을 생각함도 또한 그러해
삼세에 구하여도 얻을 수 없네.

유식무경唯識無境이라 하여 현상계는 오직 의식으로 인식하는 생각의 나타남이고 경계는 따로 없다는 유식에서의 견해다. 그렇다. 모든 현상은 내가 의식함으로부터 존재한다. 산하대지와 산천초목과 시방세계가 모두 나의 의식에 의하여 존재한다. 이와 같이 아는 것은 지혜다. 발심한 보살은 지혜로써 그와 같이 알고 있기 때문에 아무런 두려움이 없다. 과거 현재 미래라는 시간적인 것도 역시 우리들의 의식에 의하여 존재할 뿐이다. 의식을 떠나서는 시간도, 공간도 아무것도 없다. 이것이 보살의 진실한 지혜다.

능입과거필전제   능입미래필후제
能入過去畢前際하고   **能入未來畢後際**하며

능입현재일체처   상근관찰무소유
能入現在一切處하야   **常勤觀察無所有**로다

과거에 능히 들어가서 과거를 다 마치고

미래에 능히 들어가서 미래를 다 마치며

현재의 일체 곳에 능히 들어가

항상 부지런히 관찰해도 있는 것 없도다.

무한한 과거에서 무한한 미래까지 다 찾아보고, 다시 무한한 미래에서 무한한 과거까지 다 찾아보며, 또한 현재의 일체 곳에 다 들어가서 부지런히 관찰해 보아도 그 무엇도 존재하는 것은 없더라. 보리심을 발한 보살의 안목은 일체개공一切皆空의 이치를 이와 같이 철저히 꿰뚫어 본다.

수순열반적멸법   주어무쟁무소의
隨順涅槃寂滅法하야   **住於無諍無所依**하며

심여실제무여등   전향보리영불퇴
心如實際無與等하야   **專向菩提永不退**로다

열반의 적멸한 법을 수순하여
다툼도 없고 의지함도 없는 곳에 머무니
마음이 실제實際와 같아 짝할 이 없어
오로지 보리를 향해 길이 퇴전치 않도다.

　보리심을 발한 보살의 마음 상태다. 적멸한 법을 수순하여 마음에는 아무런 갈등도 없고 다툼도 없다. 그대로 진리와 하나가 된 삶이다. 그리고 보다 더 높은 깨달음을 향하여 영원히, 영원히, 앞으로, 앞으로 전진할 뿐이다.

수 제 승 행 무 퇴 겁　　　안 주 보 리 부 동 요
修諸勝行無退怯하고　　**安住菩提不動搖**하야

불 급 보 살 여 세 간　　　진 어 법 계 개 명 료
佛及菩薩與世間과　　**盡於法界皆明了**로다

훌륭한 행을 닦아 물러가지 않고
보리에 머물러서 동요하지 않으며
부처님과 보살이나 여러 세간이나
법계의 끝 간 데를 분명히 알도다.

보리심을 발한 보살의 진실한 지혜의 삶은 모든 수승한 행을 닦는 데 아무런 두려움이 없다. 그리고 깨달음을 향한 삶에 끝까지 동요가 없다. 또 지옥, 아귀, 축생, 인도, 천도, 아수라, 성문, 연각, 보살, 불의 4성6범의 세계를 명료하게 꿰뚫어 안다.

욕 득 최 승 제 일 도
欲得最勝第一道하야

위 일 체 지 해 탈 왕
爲一切智解脫王인댄

응 당 속 발 보 리 심
應當速發菩提心하야

영 진 제 루 이 군 생
永盡諸漏利群生이어다

가장 수승하고 제일인 도를 얻어서
일체 지혜의 해탈왕이 되고자 하면
마땅히 보리심을 빨리 내어서
모든 번뇌 다 끊고 중생을 이익케 할지어다.

만약 가장 수승한 제일의 도를 얻어서 일체 지혜의 해탈의 왕이 되고자 한다면 응당 보리심을 빨리 발해야 한다. 보리심은 자비의 마음이며 지혜의 마음이다. 그래서 번뇌도 다 끊게 되고 중생들을 이익하게 한다. 불자는 오로지 불심이며 지혜와 자비인 보리심을 발해야 한다.

24) 큰 지혜가 앞에 나타나다

취향보리심청정
趣向菩提心淸淨하며

공덕광대불가설
功德廣大不可說이라

위리중생고칭술
爲利衆生故稱述하노니

여등제현응선청
汝等諸賢應善聽이어다

보리를 향해 가는 그 마음 청정하며
크고 넓은 공덕을 설명할 수 없지만
중생에게 이익 주려고 말하는 터이니
현명하신 그대들은 잘 들으시오.

보리심을 발한 보살의 큰 지혜가 앞에 나타난 내용들을 잘 들으라는 당부다. 청정한 마음과 크고 넓은 공덕을 어찌 다 설명할 수 있으랴만 중생들이 듣고 환희심을 내고 신심을 내도록 설명하리라 하였다.

무량세계진위진	일일진중무량찰
無量世界盡爲塵하야	**一一塵中無量刹**이어든
기중제불개무량	실능명견무소취
其中諸佛皆無量을	**悉能明見無所取**로다

한량없는 세계를 티끌 만들고
낱낱 티끌 속에 있는 무량한 세계
그 가운데 부처님 한량없나니
모두 다 환히 보아도 취함이 없도다.

우리가 사는 이 지구도 드넓은 우주 공간에서 보면 작은 먼지에 불과하다. 태양계와 은하계도 더 넓은 무한한 우주에서 보면 그 역시 작은 먼지에 불과하다. 이와 같이 넓혀 보거나 좁혀 보거나 언제나 같은 존재 원리다. 작은 먼지만 한 이 지구 위에는 또 얼마나 많은 생명체가 살고 있는가. 그 가운데서 작은 생명체 하나를 들추어서 살펴보면 그 속에는 또 얼마나 많은 생명체가 존재하는가. 그 많고 많은 생명체가 어찌 부처님이 아니겠는가.

선지중생무생상　　　　선지언어무어상
善知衆生無生想하며　**善知言語無語想**하고

어제세계심무애　　　　실선요지무소착
於諸世界心無礙하야　**悉善了知無所着**이로다

중생을 잘 알아도 중생이란 생각 없고

언어를 잘 알아도 언어라는 생각 없으며

모든 세계에 마음이 장애 없어서

모두 다 알면서도 집착하지 않도다.

　보리심을 발한 보살은 방하착放下着과 무집착의 자세가 기본이다. 보살이 아무리 보살행을 하더라도 자신이 하는 보살행에 집착을 한다면 그것은 온전한 보살행이 아니다.

기심광대여허공　　　　어삼세사실명달
其心廣大如虛空하야　**於三世事悉明達**하고

일체의혹개제멸　　　　정관불법무소취
一切疑惑皆除滅하야　**正觀佛法無所取**로다

그 마음 넓고 크기 허공과 같아

세 세상 모든 일을 모두 통달해
일체의 의혹들을 다 없애 버리니
불법佛法을 바로 보아 취할 바 없네.

보리심을 발한 보살의 마음은 광대하기가 허공과 같다. 과거와 현재와 미래에 대해서도 다 통달하여 일체의 의혹이 없다. 또 불법을 바르게 관찰하되 집착하는 바가 없다.

시 방 무 량 제 국 토	일 념 왕 예 심 무 착
十方無量諸國土에	**一念往詣心無着**하야
요 달 세 간 중 고 법	실 주 무 생 진 실 제
了達世間衆苦法이	**悉住無生眞實際**로다

시방의 한량없는 모든 국토에
잠깐 동안 나아가 마음에 집착이 없고
세간의 온갖 괴로운 법 분명히 통달하여
생멸 없는 진실제眞實際에 모두 머물도다.

보리심을 발한 보살은 어떤 훌륭한 불사를 짓더라도 집

착 없이 짓는 것이 원칙이다. 아주 작은 불사라 하더라도 집착이 있으면 그것은 보살행이 아니다. 생멸 없는 진실제眞實際란 실제며, 진리며, 법성이며, 진여생명이다. 보살은 언제나 그곳에 머문다. 그러나 진실제는 따로 있는 것이 아니다. 세간이 그대로 진실제며 진실제가 그대로 세간이다.

무 량 난 사 제 불 소
無量難思諸佛所에

실 왕 피 회 이 근 알
悉往彼會而覲謁하고

상 위 상 수 문 여 래
常爲上首問如來

보 살 소 수 제 원 행
菩薩所修諸願行이로다

심 상 억 념 시 방 불
心常憶念十方佛호대

이 무 소 의 무 소 취
而無所依無所取로다

한량없고 부사의한 부처님 처소에
그 회상에 나아가 모두 뵈옵고
항상 상수가 되어서 여래께
보살이 닦는 온갖 원행을 질문하도다.
마음은 항상 시방의 부처님을 생각하되
의지함도 취함도 아주 없도다.

보리심을 발한 보살의 큰 지혜가 앞에 나타나면 이와 같은 역할을 한다. 한량없는 부처님 처소에 다 나아가서 언제나 그 회상에 상수가 되어 대중들을 대신해서 보살이 닦을 원행에 대하여 질문도 하고 대화를 한다. 그러나 자신이 하는 일에 집착이 없어서 의지함도 없고 취함도 없다.

25) 모든 중생들을 호념護念하다

> 항 권 중 생 종 선 근
> **恒勸衆生種善根**하야
> 장 엄 국 토 영 청 정
> **莊嚴國土令淸淨**하며
> 일 체 취 생 삼 유 처
> **一切趣生三有處**에
> 이 무 애 안 함 관 찰
> **以無礙眼咸觀察**이로다

항상 중생을 권하여서 선근을 심고
국토를 장엄하여 청정케 하네.
모든 갈래 중생과 세 가지 세계
장애 없는 눈으로 모두 관찰하도다.

보리심을 발한 보살은 항상 중생들을 보살핀다. 지혜를

닦고 선행을 하도록 권선한다. 세상을 아름답고 향기롭게 가꾸기를 권장한다. 욕계와 색계와 무색계에 다 나아가서 걸림 없는 눈으로 일일이 관찰한다.

소유습성제근해
所有習性諸根解의

무량무변실명견
無量無邊悉明見하며

중생심락실요지
衆生心樂悉了知하야

여시수의위설법
如是隨宜爲說法이로다

그들의 습성習性이며 근기와 이해
한량없고 가없음을 모두 다 보고
중생들의 욕락을 분명히 알아
이와 같이 근기 따라 법을 설하네.

보리심을 발한 보살은 또 중생들의 습성과 근기와 이해가 한량없음을 다 밝게 본다. 욕망과 즐김까지 분명히 알아 그것에 적당하게 맞춰서 법을 설한다.

어제염정개통달
於諸染淨皆通達하야
영피수치입어도
令彼修治入於道하며

무량무수제삼매
無量無數諸三昧에
보살일념개능입
菩薩一念皆能入이로다

어중상지급소연
於中想智及所緣을
실선요지득자재
悉善了知得自在로다

물들고 깨끗함을 다 통달하여

그들에게 행을 닦아 도에 들도록 하며

한량없고 수없는 모든 삼매에

보살이 잠깐 동안 능히 들었고

생각하는 지혜와 반연할 것을

분명히 잘 알아서 자재하게 되네.

보리심을 발한 보살은 물든 이나 청정한 이나 다 알아서 그들에게 모두 도에 들게 한다. 또한 한량없는 삼매에 다 들어가서 그 삼매 중에서 생각하는 지혜와 반연할 것을 분명히 잘 알아서 자재하게 된다. 이것이 중생들을 호념함이다.

26) 무상보리無上菩提를 얻다

보 살 획 차 광 대 지
菩薩獲此廣大智하야
질 향 보 리 무 소 애
疾向菩提無所礙하며

보살은 넓고 큰 지혜를 얻어
빨리 보리에 나아가는 데 장애가 없다.

보리심을 발한 보살은 보리심을 발하자마자 곧 보리에 나아간다. 무슨 장애가 있겠는가.

27) 대인의 법을 선양하다

위 욕 이 익 제 군 생
爲欲利益諸群生하야
처 처 선 양 대 인 법
處處宣揚大人法이로다

모든 중생에게 이익을 주려고
곳곳에서 대인의 법을 선양하도다.

보리심을 발한 보살은 중생들을 이익하게 하려고 부처님

이 깨달으신 법을 곳곳에서 선양한다.

28) 시간과 처소는 평등하다

선지세간장단겁
善知世間長短劫과

일월반월급주야
一月半月及晝夜와

국토각별성평등
國土各別性平等하야

상근관찰불방일
常勤觀察不放逸이로다

세간의 긴 겁이나 짧은 겁이나

한 달이나 반달이나 낮이나 밤이나

국토가 각각 다르나 본성이 평등함을 잘 알아서

항상 부지런히 관찰하여 방일하지 않도다.

보리심을 발한 보살은 시간성이나 공간성이나 모두 그 본성을 평등하게 관찰한다. 현상은 각각 차별하지만 짧고 길고 넓고 좁음에 관계없이 본성은 평등하다. 즉 본성은 어느 것이나 공하기 때문에 공한 것으로 관찰한다.

29) 장엄하는 분별을 내지 않는다

보 예 시 방 제 세 계
普詣十方諸世界호대

이 어 방 처 무 소 취
而於方處無所取하며

엄 정 국 토 실 무 여
嚴淨國土悉無餘호대

역 부 증 생 정 분 별
亦不曾生淨分別이로다

시방의 모든 세계 두루 나아가도
어느 지방 어느 처소 취함이 없고
남김없이 국토를 장엄하지만
장엄하는 분별을 내지 않도다.

보리심을 발한 보살은 중생 교화와 세상 전체를 살기 좋고 아름답고 향기로운 곳으로 장엄하려고 노력한다. 이것이 불보살의 꿈이며 이상이다. 보살은 세상을 부지런히 장엄하더라도 차별심과 집착심이 없다.

30) 여러 가지 힘을 닦다

중생시처약비처　　　급이제업감보별
衆生是處若非處와　**及以諸業感報別**이여

수순사유입불력　　　어차일체실요지
隨順思惟入佛力하야　**於此一切悉了知**로다

중생의 옳은 곳과 그른 곳이며
업을 지어 과보 받는 차별한 것을
수순하고 사유하여 부처님의 힘에 들어
여기에서 일체 것을 모두 다 알도다.

보리심을 발한 보살은 부처님의 능력으로서 매우 중요하게 여기는 열 가지 힘을 수행한다. 먼저 처비처지력處非處智力으로서 이치에 맞는 것과 맞지 않는 것을 분명히 구별하는 지혜의 능력이다. 다음은 업이숙지력業異熟智力으로서 선악의 행위와 그 과보를 아는 지혜의 능력이다. 이와 같이 점차로 수순하고 사유하여 부처님은 어떤 힘을 가지셨는가를 파악하고 일체를 안다.

일체세간종종성　　　　종종소행주삼유
一切世間種種性과　　**種種所行住三有**와

이근급여중하근　　　　여시일체함관찰
利根及與中下根이여　**如是一切咸觀察**이로다

일체 세간의 가지가지 성품과

가지가지 행업으로 삼계에 머무름과

영리한 근기와 중하근기와

이와 같은 일체를 다 관찰하도다.

발심한 보살은 또 부처님의 일체 세간 중생들의 가지가지 성품을 다 아는 지혜의 능력을 수행한다. 또 변취행지력遍趣行智力으로서 여러 가지 행업으로 어디에 가서 나게 되는가를 다 아는 지혜의 능력과 근상하지력根上下智力으로서 중생의 능력이나 소질의 우열을 아는 지혜의 능력을 수행한다.

정여부정종종해　　　　승렬급중실명견
淨與不淨種種解와　　**勝劣及中悉明見**하며

일체중생지처행　　　　삼유상속개능설
一切衆生至處行과　　**三有相續皆能說**이로다

깨끗하고 부정한 가지가지 이해와
수승하고 하열한 것과 그 중간을 분명히 보고
일체 중생 행으로 이르러 갈 곳
삼유三有가 계속함을 능히 말하네.

보리심을 발한 보살은 위와 같은 깨끗하고 부정한 가지가지 이해를 알고, 수승하고 하열한 것과 그 중간을 분명히 보는 능력과 일체 중생이 소행으로 이르러 갈 곳을 잘 아는 지혜의 능력을 수행한다.

선정 해탈 제 삼 매 　　　염 정 인 기 각 부 동
禪定解脫諸三昧와　　**染淨因起各不同**과

급 이 선 세 고 락 수 　　　정 수 불 력 함 능 견
及以先世苦樂殊를　　**淨修佛力咸能見**이로다

선정과 해탈이며 모든 삼매의
물들고 깨끗한 인因이 각각 다르고
전세前世의 고苦와 낙樂이 같지 않음을
부처님의 힘을 닦아 능히 다 보도다.

보살은 또 정려해탈등지등지지력靜慮解脫等持等至智力인 선정과 해탈을 함께 완성하는 지혜의 능력을 수행한다. 물들고 깨끗한 인因이 각각 다르고 전세前世의 고苦와 낙樂이 같지 않음을 아는 것은 부처님 지혜의 힘이다. 보살은 그것을 모두 수행한다.

중생업혹속제취　　　　　단차제취득적멸
衆生業惑續諸趣와　　　　**斷此諸趣得寂滅**과

종종루법영불생　　　　　　병기습종실요지
種種漏法永不生과　　　　**幷其習種悉了知**로다

중생의 미혹과 업으로 육취六趣가 계속하고
미혹과 업을 끊으면 모든 갈래 적멸해서
가지가지 번뇌가 길이 나지 않음과
습기와 종자 번뇌를 다 아느니라.

보리심을 발한 보살은 위와 같은 부처님이 가지신 일체 지혜의 능력을 모두 수행한다.

여래 번뇌 개 제 진   대 지 광 명 조 어 세
如來煩惱皆除盡하사   **大智光明照於世**하시니

보 살 어 불 십 력 중   수 미 증 득 역 무 의
菩薩於佛十力中에   **雖未證得亦無疑**로다

여래는 모든 번뇌 다 제멸하여

지혜 광명 세상에 밝게 비추니

보살이 부처님의 열 가지 힘을

비록 증득하지 못했으나 의심이 없네.

여래는 모든 번뇌 다 제멸하였으며, 지혜의 광명으로 세상을 밝게 비추어 진리의 가르침으로 중생을 교화한다. 보리심을 발한 보살은 부처님의 열 가지 힘을 비록 다 증득하지 못했으나 항상 따라 수행함으로 의심이 전혀 없다.

31) 수승한 법으로 장엄하다

보 살 어 일 모 공 중   보 현 시 방 무 량 찰
菩薩於一毛孔中에   **普現十方無量刹**하니

혹유잡염혹청정　　　종종업작개능료
或有雜染或淸淨이라　　**種種業作皆能了**로다

보살이 한 모공毛孔 가운데
시방의 무량세계를 널리 나타내나니
어떤 세계는 물들고 혹은 청정해
가지가지 짓는 업業을 능히 다 알도다.

한 모공毛孔에 시방의 무량세계를 널리 나타내는 이치를 밝히는 것은 화엄경의 주된 화법이다. 그동안에도 얼마나 여러 번 나왔는지 헤아릴 수 없다. 이 이치를 한마디로 일미진중함시방一微塵中含十方이라고 의상스님은 표현하였다. 그 모공 속의 세계도 물든 세계와 청정한 세계가 있어서 가지가지 업을 짓는다. 우리들의 몸속에 있는 3600조 세포들이 무슨 업인들 짓지 않겠는가.

일미진중무량찰　　　무량제불급불자
一微塵中無量刹에　　**無量諸佛及佛子**와

제찰각별무잡란　　　여일일체실명견
諸刹各別無雜亂을　　**如一一切悉明見**이로다

하나의 작은 먼지 속에 있는 무량한 세계

무량한 부처님과 여러 불자들

세계들이 다 달라도 잡란雜亂하지 않아

하나처럼 일체를 다 밝게 보도다.

화엄경에서 밝힌 이와 같은 이치를 법성게에서는 이렇게 정리하였다.

"하나 가운데 일체가 있고 일체 가운데 하나가 있네.

하나가 곧 일체요 일체가 곧 하나로다.

하나의 작은 먼지 속에 시방세계가 있고

일체의 먼지 속에도 또한 이와 같도다.

무량한 먼 겁이 곧 한순간이요

한순간이 곧 무량한 먼 겁이로다.

9세와 10세가 서로서로 연결되어 있어도

잡란雜亂치 아니하고 따로따로 이뤄졌도다."[5]

---

5) 一中一切多中一 一卽一切多卽一 一微塵中含十方 一切塵中亦如是 無量遠劫卽一念 一念卽是無量劫 九世十世互相卽 仍不雜亂隔別成.

공간성이나 시간성이나 모든 것이 법계적 연관관계를 가지고 있으면서 잡란하여 뒤섞이지 않고, 독립된 존재로 질서정연하게 엮어서 돌아가고 있는 것이 우리가 사는 현실이라는 것을 밝혔다. 마치 아주 작은 톱니바퀴 하나하나가 맞물려 돌아가면서 거대한 기계를 돌리는 이치와 같다.

어 일 모 공 견 시 방
於一毛孔見十方의

진 허 공 계 제 세 간
盡虛空界諸世間하니

무 유 일 처 공 무 불
無有一處空無佛이라

여 시 불 찰 실 청 정
如是佛刹悉淸淨이로다

한 모공에서 시방의
온 허공계 모든 세간을 보니
부처님이 안 계신 곳은 한 곳도 없고
이와 같이 세계들이 모두 청정하도다.

한 모공에서 시방의 온 허공계를 다 본다. 먼지 하나에서 우주를 다 본다. 사람의 한마디 말에서 그 사람의 인격을 다 본다. 한 가지 사건에서 그 나라의 총체적 부실을 다 안다.

어찌 인연이 없는 우연이겠는가. 그것을 법계 연기적 관계라고 한다. 이와 같은 이치는 모든 곳에 다 스며 있다.

어모공중견불찰 　　　　부견일체제중생
於毛孔中見佛刹하며　　**復見一切諸衆生**과
삼세육취각부동 　　　　주야월시유박해
三世六趣各不同과　　**晝夜月時有縛解**로다

모공毛孔 속에서 부처님 세계를 보고
또다시 일체 모든 중생을 보니
삼세육취三世六趣 중생들 같지 않으며
주야 일월 때때로 속박과 풀림이 있네.

다시 또 모공 속에 세계가 있고, 그 세계 속에 일체 중생이 있다. 그뿐만 아니라 과거 현재 미래라는 시간도 있고, 지옥, 아귀, 축생, 인도, 천도, 아수라 등 6취도 있다. 밤과 낮과 달과 일과 시간도 있다. 속박과 풀림도 있다. 한 모공 속은 곧 우리가 사는 현실이며 우주다. 낱낱 모공이 또한 그와 같다.

여 시 대 지 제 보 살   전 심 취 향 법 왕 위
如是大智諸菩薩이   **專心趣向法王位**하야

어 불 소 주 순 사 유   이 획 무 변 대 환 희
於佛所住順思惟하고   **而獲無邊大歡喜**로다

이와 같은 큰 지혜 여러 보살들
전심專心으로 법왕 지위 향해 나아가
부처님 머무신 곳 따라 생각하고
그지없는 큰 환희를 지금 얻었네.

보리심을 발한 보살은 큰 지혜를 얻은 보살이다. 그 지혜를 다양하게 설명하고 있다. 또 지혜가 뛰어나므로 오로지 법왕의 지위를 향해 나아가는 것이다. 부처님이 성취하신 정각을 향해 열심히 수행하는 그 자체가 곧 큰 지혜다.

32) 설법하는 지혜의 힘

보 살 분 신 무 량 억   공 양 일 체 제 여 래
菩薩分身無量億하야   **供養一切諸如來**하며

신통변현승무비　　　　불소행처개능주
神通變現勝無比하야　**佛所行處皆能住**로다

보살의 분신들이 한량없는 억이라

일체 모든 여래께 공양하오며

신통변화 나타냄이 비길 데 없어

부처님이 행한 곳에 모두 머물도다.

　보리심을 발한 보살은 무수 억만 분신을 나타내어 일체 모든 여래를 낱낱이 공양 공경 존중 찬탄한다. 비교할 수 없는 신통변화를 나타내어 부처님이 행하시는 곳곳마다 다 가서 머문다. 이것이 발심한 사람들의 행할 바다.

무량불소개찬앙　　　　소유법장실탐미
無量佛所皆讚仰하며　**所有法藏悉耽味**하며

견불문법근수행　　　　여음감로심환희
見佛聞法勤修行을　**如飮甘露心歡喜**로다

한량없는 부처님을 모두 우러러 찬탄하며

많은 법장法藏을 모두 다 탐미耽味하며

부처님 뵙고 설법을 들어 부지런히 수행하니
감로수를 마신 듯이 마음이 환희하도다.

또 발심한 보살은 한량없는 부처님을 다 우러러 찬탄하며, 그 많은 8만4천 법장을 모두 다 맛보고, 사유하며, 즐기고, 천착한다. 특히 이와 같은 화엄경을 만나면 즐기고 기뻐하여 싫어할 줄 모른다. 부처님을 뵙고 법문을 듣는 것을 진정한 수행으로 삼는다. 마치 목이 타들어 갈 때 감로수를 마시어 흡족하고 기뻐함을 이기지 못하는 것과 같다. 이 구절은 필자가 희망하는 삶을 대신하여 잘 표현해 주고 있다.

이 획 여 래 승 삼 매
已獲如來勝三昧하야

선 입 제 법 지 증 장
善入諸法智增長하며

신 심 부 동 여 수 미
信心不動如須彌하야

보 작 군 생 공 덕 장
普作群生功德藏이로다

여래의 수승한 삼매 이미 얻었고
모든 법을 잘 알아 지혜가 증장하며
믿는 마음 동요치 않음이 수미산 같고

중생들의 공덕장功德藏을 두루 짓도다.

보리심을 발한 보살은 여래의 삼매를 얻었으며, 모든 가르침을 잘 알아서 지혜가 뛰어나 있다. 특히 신심이 수미산처럼 굳건해서 동요하지 않는다. 보리심을 발한 보살에게 공양 공경 존중 승사하면 큰 공덕이 된다.

자 심 광 대 변 중 생
慈心廣大徧衆生하야
실 원 질 성 일 체 지
悉願疾成一切智호대
이 항 무 착 무 의 처
而恒無着無依處하야
이 제 번 뇌 득 자 재
離諸煩惱得自在로다

인자한 마음 넓고 커서 중생에게 두루 하여
일체 지혜 빨리 이루기를 원하면서도
항상 집착하고 의지한 데 없어서
모든 번뇌 여의어 자재함을 얻었네.

보리심을 발한 보살은 인자한 마음이 넓고 커서 중생에게 두루 하며, 존재의 차별성과 평등성을 다 아는 일체 지혜를 얻기를 서원한다. 그러면서 또 보살은 집착하거나 의지하지 않는다. 그래서 집착하는 번뇌를 떠나 자유자재하다.

애민중생광대지
哀愍衆生廣大智로

보섭일체동어기
普攝一切同於己하야

지공무상무진실
知空無相無眞實호대

이행기심불해퇴
而行其心不懈退로다

중생을 사랑하는 넓고 큰 지혜로
모든 이를 거두어 내 몸과 같게 하여
모양 없고 진실 없고 공한 줄 아나
그 마음 행하여서 게으르지 않네.

보리심을 발한 보살은 큰 지혜와 자비로 중생을 사랑하되 모든 사람을 자기 자신을 사랑하듯 한다. 그 누가 남을 사랑하기를 자기를 사랑하듯 하겠는가. 보살은 그토록 사랑을 하더라도 너와 내가 공한 줄을 알고, 형상이 없는 줄을 알고, 실재하는 것이 없는 줄을 안다. 그러면서 중생을 사랑으로 교화하는 일에 게으르지 않는다.

33) 공덕이 한량없다

보살발심공덕량 억겁칭양불가진
菩薩發心功德量은 **億劫稱揚不可盡**이니

이출일체제여래 독각성문안락고
以出一切諸如來와 **獨覺聲聞安樂故**로다

보살들이 발심한 공덕의 양量은
억겁을 칭찬해도 못다 하나니
일체 모든 여래와
독각이나 성문들을 안락하게 하기 때문이로다.

보살이 처음으로 발심한 공덕의 양은 억겁을 칭찬해도 다하지 못한다. 그 까닭은 일체 모든 부처님과 독각이나 성문들을 안락하게 하기 때문이다. 발심한 보살은 자비와 지혜가 하늘을 넘쳐나거늘 그 공덕을 어찌 다 말로 할 수 있겠는가.

34) 비유로써 헤아리다

| 시방국토제중생 | 개실시안무량겁 |
| **十方國土諸衆生**에 | **皆悉施安無量劫**하고 |

| 권지오계급십선 | 사선사등제정처 |
| **勸持五戒及十善**과 | **四禪四等諸定處**하며 |

시방의 모든 국토 중생들에게

수없는 겁 동안 보시하여 편안케 하고

오계五戒와 십선十善을 권하여 가지게 하며

사선四禪과 사등四等과 선정을 얻게 하며

| 부어다겁시안락 | 영단제혹성나한 |
| **復於多劫施安樂**하고 | **令斷諸惑成羅漢**하면 |

| 피제복취수무량 | 불여발심공덕비 |
| **彼諸福聚雖無量**이나 | **不與發心功德比**로다 |

다시 또 많은 겁에 안락을 보시하며

번뇌 끊고 아라한을 이루게 하면

저러한 복 무더기가 한량없으나

발심한 공덕과는 비길 수 없도다.

보살이 보리심을 발한 공덕은 안락을 보시하고 오계五戒와 십선十善을 권하여 가지게 하는 공덕과 비교하더라도 결코 비교할 수 없다는 것을 밝혔다. 또 사선四禪과 사등四等, 즉 사무량심四無量心과 선정을 얻게 하더라도 비교할 수 없다. 번뇌를 끊고 아라한을 이루게 한다면 그 복덕의 무더기가 얼마나 많겠는가. 그러나 그것도 보리심을 발한 공덕과는 도저히 비교할 수 없다는 것을 밝혔다.

우 교 억 중 성 연 각
又敎億衆成緣覺하야

획 무 쟁 행 미 묘 도
獲無諍行微妙道라도

이 피 이 교 보 리 심
以彼而校菩提心컨댄

산 수 비 유 무 능 급
算數譬喩無能及이로다

억만 중생 교화해서 연각緣覺 이루며
다툼 없는 미묘한 도를 얻게 하여도
그 공덕을 보리심에 비교한다면
산수算數나 비유로도 미칠 수 없어라.

앞에서 비유를 들어 비교한 내용보다 더 수승한 공덕으

로써 비교하였다. 중생들을 교화해서 연각을 이루고 또 미묘한 도를 얻게 하여도 그 공덕은 보리심을 발한 공덕과는 산수 비유로도 미칠 수 없다.

일 념 능 과 진 수 찰　　여 시 경 어 무 량 겁
一念能過塵數刹하야　　**如是經於無量劫**이라도

차 제 찰 수 상 가 량　　발 심 공 덕 불 가 지
此諸刹數尙可量이어니와　**發心功德不可知**로다

한 생각에 미진수의 세계를 지나고
이와 같이 한량없는 겁을 지나면서
이런 세계 수효는 오히려 안다 하여도
초발심한 공덕은 알지 못하리.

또 한 생각에 미진수의 세계를 지나듯이 이와 같이 한량없는 겁을 지나면서 모든 세계의 수효를 다 안다 하더라도 보살이 발심한 공덕은 다 알지 못하리라.

| 과거미래급현재 | 소유겁수무변량 |
| **過去未來及現在**의 | **所有劫數無邊量**이나 |

| 차제겁수유가지 | 발심공덕무능측 |
| **此諸劫數猶可知**어니와 | **發心功德無能測**이니 |

지난 세상 오는 세상 지금 세상에

그 많은 겁의 그지없는 수효

이런 겁의 수효는 안다 하여도

초발심한 공덕은 측량 못하리.

과거 미래 현재의 무량 무수겁을 다 안다 하더라도 보살이 초발심한 공덕은 측량하지 못하리라.

| 이보리심변시방 | 소유분별미부지 |
| **以菩提心徧十方**하야 | **所有分別靡不知**하며 |

| 일념삼세실명달 | 이익무량중생고 |
| **一念三世悉明達**하야 | **利益無量衆生故**로다 |

보리심이 시방에 두루 하여서

여러 가지 분별을 모두 다 알고

한 생각에 삼세를 밝게 통달해

한량없는 중생을 이익케 한 까닭이로다.

보살의 보리심을 발한 공덕은 왜 그토록 한량없는가? 한 생각에 삼세를 밝게 통달해서 한량없는 중생을 이익하게 한 까닭이라고 하였다. 요컨대 보리심이란 오로지 중생을 이익하게 하려는 마음이기 때문이다.

시방세계제중생 욕해방편의소행
十方世界諸衆生의 **欲解方便意所行**과

급이허공제가측 발심공덕난지량
及以虛空際可測이어니와 **發心功德難知量**이니

시방세계 모든 중생들의
욕망과 이해와 방편과 뜻의 소행과
그리고 허공의 경계까지 측량한대도
초발심한 공덕은 알지 못하리.

초발심공덕의 수승함을 또 밝힌다. 예컨대 시방세계에 있는 모든 중생들의 욕망과 이해와 방편과 뜻의 소행과 그리고 허공의 경계까지 측량한다 하더라도 처음으로 보리심을 발한 공덕은 알지 못한다고 하였다. 중생의 업의 힘은 불가사의하다. 그러한 중생의 업이라고 할 욕망과 이해와 방편과 뜻의 소행과 허공 경계까지 측량한다 하더라도 초발심의 공덕과는 비교할 수 없다.

　　　보 살 지 원 등 시 방　　　　자 심 보 흡 제 군 생
　　　菩薩志願等十方하며　　**慈心普洽諸群生**하야
　　　실 사 수 성 불 공 덕　　　　시 고 기 력 무 변 제
　　　悉使修成佛功德일새　　**是故其力無邊際**로다

보살의 뜻과 원願이 시방세계와 같아서
자비한 마음 뭇 중생에게 흡족하였고
부처님의 공덕을 닦아서 이루게 할새
그러므로 그 힘은 끝이 없느니라.

보리심을 발한 보살의 뜻과 원願이 시방세계와 같이 드넓다. 자비한 마음은 뭇 중생들을 흡족하게 적신다. 중생들을 자비로 잘 가르쳐 부처님의 공덕을 닦게 한다. 이와 같이 보

살의 원력은 끝이 없다.

중생욕해심소락
衆生欲解心所樂과

제근방편행각별
諸根方便行各別을

어일념중실료지
於一念中悉了知하야

일체지지심동등
一切智智心同等이로다

중생들의 욕망과 이해와 마음에 즐기는 것과
근성과 방편과 행行이 각각 다름을
한 생각에 모두 다 분명히 아니
일체 지혜의 지혜와 그 마음과 평등하네.

보리심을 발한 보살은 중생들의 욕망과 이해와 마음에 즐기는 것과 근성과 방편과 행行이 각각 다름을 한 생각에 모두 다 분명히 안다. 곧 부처님만 가지신 일체 지혜의 지혜와 그 마음이 평등하다.

일체중생제혹업
一切衆生諸惑業으로

삼유상속무잠단
三有相續無暫斷하니

차제변제상가지　　　　　발심공덕난사의
此諸邊際尙可知어니와　**發心功德難思議**로다

일체 중생의 모든 미혹과 업으로
삼유三有가 계속되어 잠깐도 끊일 새 없어
이것의 끝 간 데는 안다 하여도
초발심한 공덕은 불가사의하니라.

일체 중생의 업은 불가사의하다. 하지만 불가사의한 욕계와 색계와 무색계의 그 끝을 다 안다 하더라도 발심한 보살의 공덕은 더욱 불가사의하여 다 알 수 없다.

발심능리업번뇌　　　　　공양일체제여래
發心能離業煩惱하야　**供養一切諸如來**니

업혹기리상속단　　　　　보어삼세득해탈
業惑旣離相續斷하야　**普於三世得解脫**이로다

발심發心으로 업과 번뇌 능히 여의고
일체의 여래에게 공양하나니
업과 미혹 이미 떠나 아주 끊어지면

널리 삼세에서 해탈을 얻으리라.

 발심하게 되면 중생의 업과 번뇌를 다 떠나게 되고 끝없이 일체 모든 여래께 공양 올리니 업과 미혹은 더 이상 상속하지 않는다. 그렇게 과거와 미래와 현재에 모두 해탈함이니, 즉 시간성을 초월하는 것이다.

일념공양무변불　　　　역공무수제중생
一念供養無邊佛하며　　**亦供無數諸衆生**호대

실이향화급묘만　　　　보당번개상의복
悉以香華及妙鬘과　　**寶幢幡蓋上衣服**과

한 생각에 끝없는 부처님들께 공양하고
또한 수없는 중생들께 공양하는데
향과 꽃과 아름다운 화만華鬘들이며
보배깃대와 번幡과 일산日傘과 좋은 의복들

미식진좌경행처　　　　종종궁전실엄호
美食珍座經行處와　　**種種宮殿悉嚴好**와

비로자나묘보주　　　여의마니발광요
毘盧遮那妙寶珠와　**如意摩尼發光耀**로

좋은 음식, 좋은 상좌狀座 경행하는 곳과

가지가지 궁전이 다 훌륭하고

비로자나 미묘한 보배구슬과

여의주 마니보석빛이 찬란해

염념여시지공양　　　경무량겁불가설
念念如是持供養하야　**經無量劫不可說**하면

기인복취수부다　　　불급발심공덕대
其人福聚雖復多나　**不及發心功德大**로다

순간순간 이와 같이 공양하기를

한량없고 말할 수 없는 겁을 지낸다 하면

그 사람의 복덕 비록 많으나

초발심한 공덕의 크기에는 미치지 못하리라.

발심한 보살의 공덕을 여러 가지 비유를 들어 비교하였다. 끝으로 한량없는 부처님께 온갖 공양거리로써 공양하고, 또한 일체 중생에게도 온갖 공양거리로써 공양한 공덕이 비록 많다고는 하지만 초발심한 공덕의 크기에는 미치지 못한다는 것을 밝혔다.

35) 비유로써는 미칠 수 없다

所說種種衆譬喩가 無有能及菩提心이니
_{소 설 종 종 중 비 유} _{무 유 능 급 보 리 심}

말한 바 가지가지 비유들로도
보리심에는 비유할 수가 없도다.

아무리 훌륭한 공덕을 닦는 비유를 들어서 비교하더라도 보살이 보리심을 발한 공덕과는 비교할 수가 없다. 그러므로 대반열반경大般涅槃經에서는 이와 같이 말씀하였다.

"처음 발심한 것과 마지막 성불이 둘이 다른 것이 아니지만 이와 같은 두 가지 마음 중에 발심이 어려우니라.
자신은 아직 제도를 얻지 못했으나 다른 사람을 먼저 제

도하나니

그러므로 나는 처음 발심한 사람에게 예배합니다.

처음 발심하면 이미 천신과 인간의 스승이 되나니

성문과 연각보다 훨씬 수승하니라.

이와 같이 처음의 발심은 삼계를 지나가나니

그러므로 가장 높다는 이름을 얻었느니라."[6]

36) 다함이 없음을 말하다

이 제 삼 세 인 중 존 　　　개 종 발 심 이 득 생
以諸三世人中尊이　　　**皆從發心而得生**이라

발 심 무 애 무 제 한 　　　욕 구 기 량 불 가 득
發心無礙無齊限하니　　　**欲求其量不可得**이로다

삼세의 모든 사람들 중에 가장 높은 분

모두가 발심으로부터 나신 까닭이라

발심은 걸림 없고 분제와 한계도 없어

---

[6] 發心畢竟二不別 如是二心先心難 自未得度先度他 是故我禮初發心 初發以爲
天人師 超勝聲聞及緣覺 如是發心過三界 是故得名最無上.

그 분량을 구하여도 얻지 못하도다.

과거 현재 미래의 모든 부처님들도 모두가 발심으로부터 출생하였다. 만약 발심이 없었다면 어찌 부처님이 되었겠는가. 그래서 발심은 걸림도 없고 분제를 지을 수도 없고 한계를 나눌 수도 없다. 그 양이 얼마인지 알고 싶어도 도저히 알 수 없는 경지가 발심의 경지다.

37) 한계限界가 없음을 말하다

일체지지서필성
一切智智誓必成하며

소유중생개영도
所有衆生皆永度하니

발심광대등허공
發心廣大等虛空이요

생제공덕동법계
生諸功德同法界로다

일체 지혜의 지혜를 결정코 이루어
많은 중생 길이길이 제도하나니
발심은 크고 넓은 허공과 같고
모든 공덕 출생하기 법계 같도다.

보리심은 어떤 한계가 없음을 밝혔다. 보리심은 곧 불심이다. 대자비심이며 대지혜심이며 대해탈심이다. 그러므로 부처님의 지혜인 일체 지혜의 지혜를 결정코 이루어 많은 중생 길이길이 제도하는 마음이다. 발심은 광대하기가 허공과 같다. 모든 공덕도 발심으로부터 출생한다.

소행보변여무이
所行普徧如無異하야

영리중착불평등
永離衆着佛平等이라

일체법문무불입
一切法門無不入하고

일체국토실능왕
一切國土悉能往이로다

행하는 바 두루 같아 다름없나니
모든 집착 여의어 부처님과 평등하네.
일체 법문 들어가지 못한 데 없고
일체 국토 모두 다 나아가도다.

보리심을 발한 보살은 행하는 바가 부처님과 똑같다. 일체 집착을 떠난 것도 똑같다. 그래서 일체 법문 들어가지 못한 데 없고 일체 국토 모두 다 나아간다.

일체지경함통달　　　일체공덕개성취
一切智境咸通達하고　一切功德皆成就하며

일체능사항상속　　　정제계품무소착
一切能捨恒相續하고　淨諸戒品無所着이로다

일체 지혜의 경계 통달하였고

일체 공덕 이루지 못한 것 없네.

일체를 버리는 일 항상 계속하며

계율이 청정해서 집착 없도다.

보리심을 발한 보살은 일체 지혜의 경계를 다 통달하였고 일체 공덕을 이루지 못한 것이 없다.

구족무상대공덕　　　상근정진불퇴전
具足無上大功德하고　常勤精進不退轉하며

입심선정항사유　　　광대지혜공상응
入深禪定恒思惟하고　廣大智慧共相應이로다

위없는 큰 공덕을 구족하고도

항상 부지런히 정진하여 퇴전치 않아

깊은 선정 들어가서 항상 사유해
크고 넓은 지혜와 서로 응하네.

보리심을 발한 보살은 가장 높은 큰 복덕을 구족하고도 항상 부지런히 정진하여 퇴전하지 않는다. 또한 깊은 선정 들어가서 항상 사유하며 크고 넓은 지혜와 서로 상응한다.

38) 출생이 다함이 없음을 말하다

차시보살최승지	출생일체보현도
此是菩薩最勝地에	**出生一切普賢道**라
삼세일체제여래	미불호념초발심
三世一切諸如來가	**靡不護念初發心**이로다

이것은 보살들의 가장 수승한 지위며
일체의 보현도普賢道를 내는 곳이라
삼세의 일체 모든 부처님께서
초발심한 사람을 모두 보호하도다.

초발심은 보살의 가장 수승한 지위다. 그래서 보살행원의 대표인 보현보살의 도를 출생한다. 삼세의 일체 모든 부처님께서 초발심한 사람을 모두 보호하신다.

실 이 삼 매 다 라 니
悉以三昧陀羅尼와

신 통 변 화 공 장 엄
神通變化共莊嚴하니

시 방 중 생 무 유 량
十方衆生無有量이며

세 계 허 공 역 여 시
世界虛空亦如是어든

발 심 무 량 과 어 피
發心無量過於彼일새

시 고 능 생 일 체 불
是故能生一切佛이로다

삼매와 여러 가지 다라니들과
신통한 변화로써 장엄하나니
시방의 중생들이 한량이 없고
세계와 허공들도 그러하거든
발심發心의 한량없기 저보다 더해
그러므로 일체의 부처님을 능히 출생하도다.

보통 사람들은 부귀공명으로 자신을 장엄하고, 옷과 액세서리로써 장엄한다. 보리심을 발한 보살들은 무엇으로 장엄할까. 삼매와 다라니와 신통변화로 장엄한다. 또 세상에는 중생들이 한량이 없고 세계와 허공도 한량이 없다. 보리심을 발하면 그 보리심의 양은 중생보다 많고 세계와 허공보다 많다. 그래서 보리심에서 일체 부처님이 출생한다.

보리심 시 십력 본
菩提心是十力本이요

역 위 사 변 무 외 본
亦爲四辯無畏本이며

십 팔 불 공 역 부 연
十八不共亦復然하니

막 불 개 종 발 심 득
莫不皆從發心得이로다

보리심은 십력十力의 근본이 되고
사무애변四無礙辯과 사무소외四無所畏의 근본도 되며
십팔불공법十八不共法의 근본도 되어
모두 다 발심으로부터 얻지 아니함이 없도다.

십력十力[7]과 사무애변四無礙辯[8]과 사무소외四無所畏[9]와 십팔불공법十八不共法[10]은 모두 부처님이 갖추신 특별한 능력이다. 그런데 보리심을 발하게 되면 이와 같은 능력을 갖춘 여래의 경지에 이르게 된다. 그래서 모두 발심으로부터 다 얻게 된다고 하였다.

> 제불색상장엄신
> **諸佛色相莊嚴身**과
>
> 급이평등묘법신
> **及以平等妙法身**과
>
> 지혜무착소응공
> **智慧無着所應供**이
>
> 실이발심이득유
> **悉以發心而得有**로다

모든 부처님의 색상色相으로 장엄한 몸과

평등하고 미묘한 법신法身들이나

집착 없는 지혜의 공양할 바가

다 같이 발심으로 있게 되었도다.

---

7) 부처님이 지니고 있는 열 가지 지혜의 힘이다. 처비처지력處非處智力, 업이숙지력業異熟智力, 정려해탈등지등지지력靜慮解脫等持等至智力, 근상하지력根上下智力, 종종계지력種種界智力, 종종승해지력種種勝解智力, 변취행지력遍趣行智力, 숙주수념지력宿住隨念智力, 사생지력死生智力, 누진지력漏盡智力을 일컫는다.
8) 사무애변四無礙辯이란 사무애지四無礙智, 사무애해四無礙解라고도 한다. 마음의 방면으로는 지智 또는 해解라 하고, 입의 방면으로는 변辯이라 한다. ① 법무애法無礙는 온갖 교법에 통달한 것 ② 의무애義無礙는 온갖 교법의 요의要義를 아는 것 ③ 사무애辭無礙는 여러 가지 말을 알아 통달하지 못함이 없는 것 ④ 요설무애樂說無礙는 온갖 교법을 알아 기류機類가 듣기 좋아하는 것을 말하는 데 자재한 것이다.

모든 부처님의 32상이나 80종호나 그 외의 아름다운 모습이 모두 보리심을 발함으로부터 생긴 것이다. 또 평등하고 미묘한 법신과 집착 없는 지혜와 공양을 받아 마땅한 지위도 모두 처음 발심함으로부터 있게 되었다. 보리심은 모든 불법의 근본이며 뿌리다.

일체독각성문승
一切獨覺聲聞乘과

색계제선삼매락
色界諸禪三昧樂과

---

9) 사무소외四無所畏란 부처님과 보살이 지니는 정신적인 덕성의 하나다. 부처님과 보살은 중생들을 교화할 때 네 가지 두려움 없는 자신감으로 설법을 하는데, 여기에 부처님의 사무소외와 보살의 사무소외가 있다. 부처님의 사무소외는 ① 일체지무소외一切智無所畏: "나는 일체법一切法을 깨달았다"는 두려움 없는 자신 ② 누진무소외漏盡無所畏: "나는 일체의 번뇌를 모두 끊었다"는 두려움 없는 자신 ③ 설장도무소외說障道無所畏: "나는 깨달음에 장애가 되는 것을 모두 말했다"는 두려움 없는 자신 ④ 설출도무소외說出道無所畏: "나는 괴로움의 세계에서 벗어나 해탈解脫에 이르는 길을 모두 말했다"는 두려움 없는 자신이다.

10) 십팔불공법十八不共法이란 십팔불공불법十八不共佛法이라고도 한다. 부처님께만 있는 공덕으로서 2승이나 보살들에게는 공동共同하지 않는 열여덟 가지. 신무실身無失·구무실口無失·의무실意無失·무이상無異想·무부정심無不定心·무부지이사無不知已捨·욕무감欲無減·정진무감精進無減·염무감念無減·혜무감慧無減·해탈무감解脫無減·해탈지견무감解脫知見無減·일체신업수지혜행一切身業隨智慧行·일체구업수지혜행一切口業隨智慧行·일체의업수지혜행一切意業隨智慧行·지혜지견과거세무애무장智慧知見過去世無礙無障·지혜지견미래세무애무장智慧知見未來世無礙無障·지혜지견현재세무애무장智慧知見現在世無礙無障.

급무색계제삼매　　　　실이발심작기본
及無色界諸三昧가　　**悉以發心作其本**이로다

일체의 독각승獨覺乘과 성문승聲聞乘이며

색계의 모든 선정 삼매의 낙樂과

무색계無色界의 여러 가지 삼매까지

모두 다 발심으로 근본을 삼았네.

일체의 성문이나 연각이나 색계의 여러 가지 삼매의 즐거움이나 무색계의 여러 가지 삼매가 모두 초발심이 근본이 되었다.

일체인천자재락　　　　급이제취종종락
一切人天自在樂과　　**及以諸趣種種樂**과

진정근력등중락　　　　미불개유초발심
進定根力等衆樂이　　**靡不皆由初發心**이로다

일체 천신과 인간들의 자재한 즐거움과

여러 갈래 가지가지 즐거운 일과

정진 선정 오근五根 오력五力 등 모든 즐거움이

초발심으로 생기지 않은 것 없도다.

일체 천신과 인간, 그 외의 지옥, 아귀, 축생, 아수라 등 그들에게 만약 즐거움이 있다면, 또한 정진과 선정과 오근五根[11]과 오력五力[12] 등의 모든 즐거움은 초발심으로 생긴 것이다.

이 인 발 기 광 대 심　　　　즉 능 수 행 육 종 도
以因發起廣大心하야　　　**則能修行六種度**하고

권 제 중 생 행 정 행　　　　어 삼 계 중 수 안 락
勸諸衆生行正行하야　　　**於三界中受安樂**이로다

크고 넓은 마음을 일으키므로

여섯 가지 바라밀다 능히 닦아 행하고

중생에게 바른 행行 권함으로써

삼계에서 안락을 받게 되느니라.

---

[11] 오근五根 : 번뇌를 누르고 성도聖道로 이끄는 다섯 가지 근원. ① 신근信根 : 부처의 가르침을 믿음 ② 정진근精進根 : 힘써 수행함 ③ 염근念根 : 부처의 가르침을 명심하여 마음 챙김 ④ 정근定根 : 마음을 한곳에 모아 흐트러지지 않게 함 ⑤ 혜근慧根 : 부처의 가르침을 꿰뚫어 봄.

[12] 오력五力 : 불교에 대한 실천 방면의 기초적 덕목德目이 되는 5종으로 ① 신력信力 : 불법을 믿고 다른 것을 믿지 않는 것 ② 진력進力 : 선을 짓고 악을 폐하기를 부지런히 하는 것 ③ 염력念力 : 사상을 바로 가지고 사특한 생각을 버리는 것 ④ 정력定力 : 선정禪定을 닦아 어지러운 생각을 없게 하는 것 ⑤ 혜력慧力 : 지혜를 닦아 불교의 진리인 4제諦를 깨닫는 것을 말한다.

十七. 초발심공덕품初發心功德品

보리심이란 지혜의 마음이며, 자비의 마음이며, 불심이며, 광대한 마음이다. 이와 같은 보리심을 발한 보살은 스스로 대승보살의 기본 덕목인 6바라밀을 잘 닦아 행하고 중생에게 바른 수행을 권하여 삼계에서 안락을 받게 한다.

주 불 무 애 실 의 지
住佛無礙實義智에

소 유 묘 업 함 개 천
所有妙業咸開闡하야

능 령 무 량 제 중 생
能令無量諸衆生으로

실 단 혹 업 향 열 반
悉斷惑業向涅槃이로다

걸림 없고 진실한 부처님의 지혜에 머물러
소유한 미묘한 업을 열어 보이며
한량없는 중생들로 하여금
업과 미혹 다 끊고 열반을 행하게 하네.

보리심을 발한 보살은 걸림 없고 진실한 부처님의 지혜에 머문다. 또 보살의 미묘한 업과 능력을 다 열어 펼쳐서 한량없는 중생들에게 중생의 업과 미혹을 다 끊고 열반의 저 언덕에 오르게 한다.

39) 덕의 원만함을 나타내다

지혜광명여정일　　　중행구족유만월
智慧光明如淨日이요　　**衆行具足猶滿月**이며

공덕상영비거해　　　무구무애동허공
功德常盈譬巨海요　　**無垢無礙同虛空**이로다

지혜의 밝은 광명 햇빛과 같고
모든 행을 갖추기가 보름달 같고
공덕은 바다처럼 항상 가득해
때가 없고 걸림 없어 허공과 같네.

보리심을 발한 보살의 덕을 표현하는 명구다. 밝고 밝은 지혜의 광명은 태양과 같고, 온갖 아름다운 보살행을 갖춘 모습은 보름달과 같아라. 무량 무변의 공덕이 넘쳐나는 것은 태평양 바다와 같고, 허물도 없고 번뇌도 없어 걸림 없기가 마치 허공과 같도다. 해와 달과 바다와 허공으로 보리심을 발한 보살의 덕을 표현하였다.

보 발 무 변 공 덕 원
普發無邊功德願하야
실 여 일 체 중 생 락
悉與一切衆生樂하며

진 미 래 제 의 원 행
盡未來際依願行하야
상 근 수 습 도 중 생
常勤修習度衆生이로다

가없는 공덕과 서원을 널리 발하여
일체 중생들에게 즐거움을 주고
오는 세상 끝나도록 원과 행을 의지하여
부지런히 닦아 익혀 중생을 제도하네.

불법을 수행하여 중생들에게 법을 널리 베풀려고 할 때 가장 필요한 것은 서원, 원력, 발원이다. 서원보다 중요한 것은 없다. 아무리 지혜가 깊고 자비가 넓다 하더라도 중생을 교화하기 위한 원력이 없으면 자리自利밖에 안 된다. 이타利他가 보살의 근본정신이다.

무 량 대 원 난 사 의
無量大願難思議라
원 령 중 생 실 청 정
願令衆生悉淸淨하니

공 무 상 원 무 의 처
空無相願無依處를
이 원 력 고 개 명 현
以願力故皆明顯이로다

한량없는 큰 원력 부사의하여
중생들로 하여금 모두 다 청정케 하고
공空, 무상無相, 무원無願과 무의無依를
서원誓願의 힘으로 밝게 나타내도다.

보살이 모든 존재의 공성과 무상성과 무원성과 무의성을 잘 깨달아 알더라도 큰 원력이 있어야 그것을 널리 일체 중생에게 가르쳐서 편안한 삶을 살도록 할 수 있다.

요법자성여허공　　　　　일체적멸실평등
了法自性如虛空하야　　**一切寂滅悉平等**이며
법문무수불가설　　　　　위중생설무소착
法門無數不可說을　　　**爲衆生說無所着**이로다

법의 자성이 허공과 같고
일체가 적멸하여 다 평등함을 알아
법문이 무수하여 다 설명할 수 없음을
중생을 위해 설하여도 집착 없도다.

일체 존재는 현상에서 보면 눈앞에 펼쳐진 것과 같이 다양하게 차별하지만 그 본성이나 본질에서 보면 모두가 평등한 공성이다. 그래서 적멸하다. 보리심을 발한 보살은 그와 같은 진실을 잘 알고 무수한 법문을 중생을 위해 설법하지만 아무런 집착이 없다. 일체 법의 자성은 허공과 같기 때문이다.

40) 공덕이 다함이 없음을 말하다

시 방 세 계 제 여 래　　　　실 공 찬 탄 초 발 심
十方世界諸如來가　　　**悉共讚歎初發心**하시니

차 심 무 량 덕 소 엄　　　　능 도 피 안 동 어 불
此心無量德所嚴으로　　**能到彼岸同於佛**이로다

시방의 여러 세계 모든 여래들

초발심을 다 같이 찬탄하나니

이 마음 한량없는 덕으로 장엄하며

저 언덕 이르러서 부처님과 같으리.

보리심을 발한 마음의 공덕은 다함이 없다. 시방의 모든 여래가 그와 같은 초발심을 다 같이 찬탄한다. 보리심을 발한 다함없는 공덕으로 능히 피안에 이르러 드디어 부처님과 그 지위가 같아진다.

여 중 생 수 이 허 겁
如衆生數爾許劫에

설 기 공 덕 불 가 진
說其功德不可盡이니

이 주 여 래 광 대 가
以住如來廣大家하야

삼 계 제 법 무 능 유
三界諸法無能喩로다

중생의 수효數爻와 같은 그러한 겁 동안
그 공덕 말하여도 다할 수 없으며
여래의 크고 넓은 집에 머무르므로
삼계의 모든 법으로는 비유할 수 없도다.

이 지구상에 있는 모든 생명체의 숫자는 얼마나 될까? 그 숫자와 같이 많은 겁 동안 보리심을 발한 공덕을 말하여도 다 말할 수 없다. 보리심을 발한 보살은 곧 여래의 집에 머무르므로 그 공덕을 삼계의 모든 법으로 비유하더라도 비유할 수 없다.

41) 보리심菩提心 발하기를 권하다

욕 지 일 체 제 불 법 　　　　의 응 속 발 보 리 심
欲知一切諸佛法인댄　　**宜應速發菩提心**이니

차 심 공 덕 중 최 승 　　　　필 득 여 래 무 애 지
此心功德中最勝이라　　**必得如來無礙智**니라

일체의 부처님 법 알고자 하면
마땅히 보리심을 빨리 낼지라.
이 마음은 공덕 중에 가장 수승하니
여래의 걸림 없는 지혜 얻도다.

불교에 있어서는 무엇보다 우선하는 것이 보리심이다. 불교를 알려고 하거나, 수행을 하려고 하거나, 깨달음을 성취하려 하거나, 부처님께 공양하려 하거나, 무엇이든 불교에 관한 일에서는 보리심을 먼저 발해야 한다. 보리심은 불교의 근본이기 때문이다. 보리심을 발한 마음의 공덕은 그

어떤 공덕보다도 위대하고 수승하다. 보리심으로 여래의 걸림 없는 지혜를 얻는다.

중생심행가수지   국토미진역부연
衆生心行可數知요   **國土微塵亦復然**이며

허공변제사가량   발심공덕무능측
虛空邊際乍可量이어니와   **發心功德無能測**이로다

중생의 마음 작용을 다 헤아려 알며
국토의 미진도 또한 다 알며
허공의 끝까지를 헤아린다 해도
초발심한 공덕은 측량 못하리.

중생들의 심행, 즉 마음 작용들이 얼마나 많겠는가. 한 사람의 한 시간 동안의 마음 작용도 다 알 수 없다. 국토를 부수어 미진으로 만들었다면 그 또한 얼마나 많겠는가. 또한 무수억 광년 끝까지의 허공을 헤아릴 수 있겠는가. 설사 그 모든 것을 다 안다 하더라도 보살이 처음 보리심을 발한 공덕은 측량할 길이 없다.

출생삼세일체불　　　　성취세간일체락
出生三世一切佛하고　**成就世間一切樂**하며

증장일체승공덕　　　　영단일체제의혹
增長一切勝功德하고　**永斷一切諸疑惑**이로다

삼세의 일체 부처님을 출생도 하고
세간의 일체 즐거움을 성취도 하고
일체 수승한 공덕을 증장하면서
일체의 모든 의혹들을 영원히 끊도다.

보리심은 삼세 일체 부처님을 출생시킨다. 보리심은 세간의 일체 즐거움을 성취시킨다. 보리심은 일체 수승한 공덕을 증장시킨다. 또 보리심은 일체의 모든 의혹들을 영원히 끊는다.

개시일체묘경계　　　　진제일체제장애
開示一切妙境界하고　**盡除一切諸障礙**하며

성취일체청정찰　　　　출생일체여래지
成就一切淸淨刹하고　**出生一切如來智**로다

일체의 묘한 경계 열어 보이고
일체의 모든 장애 제해 없애고
일체의 청정세계 성취하여서
일체의 여래 지혜 출생하느니라.

보리심은 불심이며, 자비심이며, 지혜심이며, 광대심이며, 원력심이다. 그래서 보리심은 일체의 묘한 경계를 다 열어 보인다. 보리심은 일체의 모든 장애를 제거하여 없애 버린다. 보리심은 일체의 청정한 세계를 성취한다. 또 보리심은 일체의 여래 지혜를 출생한다. 보리심 외에 달리 무엇을 바라랴.

욕 견 시 방 일 체 불
欲見十方一切佛하고

욕 시 무 진 공 덕 장
欲施無盡功德藏하며

욕 멸 중 생 제 고 뇌
欲滅衆生諸苦惱인댄

의 응 속 발 보 리 심
宜應速發菩提心이어다

시방의 일체 부처님을 친견하고자 하고
한량없는 공덕장을 베풀려 하고
중생들의 모든 고통 없애려 하면

마땅히 보리심을 빨리 낼지라.

 불교를 공부한다는 것, 불교를 믿는다는 것, 불교를 수행한다는 것, 불교를 깨닫는다는 것, 이 모든 것을 이루고자 한다면 무엇이 필요할까? 부처님을 친견하고 공양하며 공경찬탄하려 한다면 또 무엇이 필요할까? 세상 사람들에게 의료사업, 교육사업, 빈민구제사업, 재난구호사업 등등 한량없는 공덕을 베풀려고 한다면 또한 무엇이 필요할까? 나아가서 일체 중생들의 모든 고통을 다 없애려고 한다면 무엇이 필요할까? 오로지 오로지 보리심을 빨리 내는 것뿐이다.

초발심공덕품 끝

〈제17권 끝〉

華嚴經 構成表

分次	周次			內容	品數	會次
舉果勸樂生信分 (信)	所信因果周			如來依正	世主妙嚴品 第一 如來現相品 第二 普賢三昧品 第三 世界成就品 第四 華藏世界品 第五 毘盧遮那品 第六	初會
修因契果生解分 (解)	差別因果周	差別因	十信		如來名號品 第七 四聖諦品 第八 光明覺品 第九 菩薩問明品 第十 淨行品 第十一 賢首品 第十二	二會
			十住		昇須彌山頂品 第十三 須彌頂上偈讚品 第十四 十住品 第十五 梵行品 第十六 初發心功德品 第十七 明法品 第十八	三會
			十行		昇夜摩天宮品 第十九 夜摩天宮偈讚品 第二十 十行品 第二十一 十無盡藏品 第二十二	四會
			十迴向		昇兜率天宮品 第二十三 兜率宮中偈讚品 第二十四 十迴向品 第二十五	五會
			十地		十地品 第二十六	六會
			等覺		十定品 第二十七 十通品 第二十八 十忍品 第二十九 阿僧祇品 第三十 如來壽量品 第三十一 菩薩住處品 第三十二	七會
		差別果	妙覺		佛不思議法品 第三十三 如來十身相海品 第三十四 如來隨好光明功德品 第三十五	
		平等因果周	平等因		普賢行品 第三十六	
			平等果		如來出現品 第三十七	
托法進修成行分 (行)	成行因果周			二千行門	離世間品 第三十八	八會
依人證入成德分 (證)	證入因果周			證果法門	入法界品 第三十九	九會

(資料：文殊經典研究會)

會場	放光別	會主	入定別	說法別舉
菩提場	遮那放齒光眉間光	普賢菩薩為會主	入毘盧藏身三昧	如來依正法
普光明殿	世尊放兩足輪光	文殊菩薩為會主	此會不入定，信未入位故	十信法
忉利天宮	世尊放兩足指光	法慧菩薩為會主	入無量方便三昧	十住法門
夜摩天宮	如來放兩足趺光	功德林菩薩為會主	入菩薩善思惟三昧	十行法門
兜率天宮	如來放兩膝輪光	金剛幢菩薩為會主	入菩薩智光三昧	十迴向法門
他化天宮	如來放眉間毫相光	金剛藏菩薩為會主	入菩薩大智慧光明三昧	十地法門
再會普光明殿	如來放眉間口光	如來為會主	入剎那際三昧	等妙覺法門
三會普光明殿	此會佛不放光，表行依解法依解光故	普賢菩薩為會主	入佛華莊嚴三昧	二千行門
祇陀園林	放眉間白毫光	如來善友為會主	入獅子頻申三昧	果法門

如天 無比

1943년 영덕에서 출생하였다. 1958년 출가하여 덕흥사, 불국사, 범어사를 거쳐 1964년 해인사 강원을 졸업하고 동국역경연수원에서 수학하였다. 10여 년 선원생활을 하고 1976년 탄허스님에게 화엄경을 수학하고 전법, 이후 통도사 강주, 범어사 강주, 은해사 승가대학원장, 대한불교조계종 교육원장, 동국역경원장, 동화사 한문불전승가대학원장 등을 역임하였다. 2018년 5월에는 수행력과 지도력을 갖춘 승랍 40년 이상 되는 스님에게 품서되는 대종사 법계를 받았다.

현재 부산 문수선원 문수경전연구회에서 150여 명의 스님과 300여 명의 재가 신도들에게 화엄경을 강의하고 있다. 또한 다음 카페 '염화실'(http://cafe.daum.net/yumhwasil)을 통해 '모든 사람을 부처님으로 받들어 섬김으로써 이 땅에 평화와 행복을 가져오게 한다.'는 인불사상(人佛思想)을 펼치고 있다.

저서로 『무비스님의 유마경 강설』(전 3권), 『대방광불화엄경 실마리』, 『무비스님의 왕복서 강설』, 『무비스님이 풀어 쓴 김시습의 법성게 선해』, 『법화경 법문』, 『신금강경 강의』, 『직지 강설』(전 2권), 『법화경 강의』(전 2권), 『신심명 강의』, 『임제록 강설』, 『대승찬 강설』, 『당신은 부처님』, 『사람이 부처님이다』, 『이것이 간화선이다』, 『무비 스님과 함께하는 불교공부』, 『무비 스님의 중도가 강의』, 『일곱 번의 작별인사』, 무비 스님이 가려 뽑은 명구 100선 시리즈(전 4권) 등이 있고 편찬하고 번역한 책으로 『화엄경(한글)』(전 10권), 『화엄경(한문)』(전 4권), 『금강경 오가해』 등이 있다.

대방광불화엄경 강설 제17권

| **초판 1쇄 발행**_ 2015년 1월 14일
| **초판 3쇄 발행**_ 2021년 2월 19일

| **지은이**_ 여천 무비(如天 無比)
| **펴낸이**_ 오세룡
| **편집**_ 박성화 손미숙 김정은 김영미 유나리
| **기획**_ 최은영 곽은영 김희재
| **디자인**_ 고혜정 김효선 장혜정
| **홍보 마케팅**_ 이주하
| **펴낸곳**_ 담앤북스
  서울특별시 종로구 새문안로3길 23 경희궁의 아침 4단지 805호
  대표전화 02)765-1251 전송 02)764-1251 전자우편 damnbooks@hanmail.net
  출판등록 제300-2011-115호
| ISBN 978-89-98946-43-2 04220

정가 14,000원

ⓒ 무비스님 2015